ΟΙ ΦΩΝΕΣ ΤΟΥ ΜΑΡΡΑΚΕΣ

Σημειώσεις ὕστερα ἀπό ἕνα ταξίδι

ΕΛΙΑΣ ΚΑΝΕΤΤΙ

ΟΙ ΦΩΝΕΣ ΤΟΥ ΜΑΡΡΑΚΕΣ

Σημειώσεις ύστερα από ένα ταξίδι

ΜΕΤΑΦΡΑΣΗ
Νίκος Δήμου

ΤΕΤΑΡΤΗ ΕΚΔΟΣΗ

ΕΚΔΟΣΕΙΣ LIBRO

Οἱ Φωνές τοῦ Μαρρακές
Σημειώσεις ὕστερα ἀπό ἕνα ταξίδι

◆◆◆

Τίτλος πρωτοτύπου: *Die Stimmen von Marrakesch*
Μετάφραση: *Νίκος Δήμου*
Σχεδιασμός ἐξωφύλλου: eyeD Design Group

Στοιχειοθεσία — ἐκτύπωση — βιβλιοδεσία:
«Γ. Ἀργυρόπουλος ΕΠΕ» Κ. Παλαμᾶ 13, Καματερό
τηλ. 210-23 12 317 – fax 210-23 13 742

Γλύκωνος 10-12, 106 75 Ἀθήνα
τηλ.: 210.72 28 647 – fax 210.72 28 648
www.libro.gr
e-mail: libro@hol.gr

1η ἔκδοση: 1983
2η ἔκδοση: 1990
3η ἔκδοση: 1999
4η ἔκδοση: 2004

ISBN 960-490-069-2

στή Veza Canetti

Συναντήσεις μέ καμῆλες

Τρεῖς φορές ἦρθα σέ ἐπαφή μέ καμῆλες καί κάθε φορά ἡ ἱστορία τελείωσε μέ τραγικό τρόπο.

«Πρέπει νά σοῦ δείξω τό καμηλοπάζαρο», εἶπε ὁ φίλος μου, λίγο μετά τήν ἄφιξή μου στό Μαρρακές. «Γίνεται κάθε Πέμπτη πρωί, μπροστά στό τεῖχος τοῦ Μπάμπ -'Ελ-Κεμίς. Εἶναι ἀρκετά μακριά, ἀπό τήν ἄλλη μεριά τοῦ τείχους τῆς πόλης· καλύτερα νά σέ πάω μέ τό αὐτοκίνητο».

Ἡ Πέμπτη ἦρθε καί πήγαμε ἐκεῖ. Ἦταν ἤδη ἀργά: ὅταν φτάσαμε στόν μεγάλο ἐλεύθερο χῶρο, μπροστά στό τεῖχος τῆς πόλης, εἶχε μεσημεριάσει. Ὁ χῶρος ἦταν σχεδόν ἄδειος. Στήν ἄλλη ἄκρη, κάπου διακόσια μέτρα ἀπό μᾶς, στεκόταν μιά ὁμάδα ἀνθρώπων — ἀλλά καμῆλες δέν βλέπαμε. Τά μικρόσωμα ζῶα, μέ τά ὁποῖα καταγίνονταν οἱ ἄνθρωποι, ἦταν γαϊδούρια — κι ἀπό γαϊδούρια ἦταν ἡ πόλη, ἔτσι κι ἀλλιῶς, γεμάτη. Κουβαλοῦσαν ὅλα τά φορτία καί τραβοῦσαν τέτοια κακομεταχείριση, πού δέν ἄντεχες νά τά βλέπεις.

«Ἤρθαμε πολύ ἀργά», εἶπε ὁ φίλος. «Τό καμηλοπάζαρο τελείωσε». Καί ὁδήγησε τό αὐτοκίνητο στή μέση τῆς πλατείας, γιά νά μέ πείσει πώς δέν εἴχαμε τίποτα νά δοῦμε.

Πρίν ὅμως τό αὐτοκίνητο σταθεῖ, εἴδαμε ἕνα πλῆθος ἀνθρώπους νά ἀνοίγεται καί νά σκορπίζει. Στή μέση στεκόταν μιά καμήλα σέ τρία πόδια — τό τέταρτο τῆς τό εἶχαν δέσει ψηλά. Φοροῦσε ἕνα κόκκινο φίμωτρο, ἕνα σκοινί ἦταν περασμένο ἀπό τά ρουθούνια της καί ἕνας ἄντρας, πού κρατιόταν σέ κάποια ἀπόσταση, προσπαθοῦσε νά τήν σύρει ἀπό τό σκοινί. Ἡ καμήλα προχωροῦσε κομμάτι μπροστά, σταματοῦσε καί μετά πηδοῦσε ἀπροσδόκητα μέ τά τρία πόδια στόν ἀέρα. Οἱ κινήσεις της ἦταν τόσο ἀπρόοπτες, ὅσο καί ἀπειλητικές. Ὁ ἄνθρωπος, πού ὑποτίθεται πώς τήν ὁδηγοῦσε, ὅλο καί ὑποχωροῦσε· φοβόταν νά πάει πολύ κοντά στό ζῶο καί δέν ἔνιωθε σίγουρος τί ἄλλο θά ἐπιχειροῦσε ἡ καμήλα. Μετά, ὅμως, ἀπό κάθε ξάφνιασμα, ἄρχιζε πάλι τό τράβηγμα καί ἔτσι κατάφερνε, πολύ ἀργά, νά σύρει τό ζῶο σέ μιά ὁρισμένη κατεύθυνση.

Σταθήκαμε καί κατεβάσαμε τά τζάμια τοῦ αὐτοκινήτου. Μᾶς ἔζωσαν ἀμέσως ζητιανάκια — πάνω, ὅμως, ἀπό τίς φωνές τους, πού ἱκέτευαν ἐλεημοσύνη, ἐμεῖς ἀκούγαμε τίς κραυγές τῆς καμήλας. Μιά φορά πήδηξε στό πλάι μέ τόση δύναμη, πού ὁ ἄνθρωπος ἔχασε τό σκοινί ἀπό τά χέρια του. Οἱ ἄλλοι, πού κρατιόντουσαν σέ κάποια ἀπόσταση, σκόρπισαν ἀκόμα πιό μακριά. Ὁ ἀέρας γύρω στήν καμήλα ἦταν φορτισμένος μέ φόβο — καί περισσότερο φοβόταν ἡ ἴδια. Ὁ ὁδηγός της ἔτρεξε λίγο πρός τό μέρος της καί ἅρπαξε ἀστραπιαῖα τό σκοινί πού σερνόταν στό χῶμα.

Ἡ καμήλα πήδηξε μέ μιά κυματοειδή κίνηση πλάγια καί ψηλά, ἀλλά δέν κατάφερε νά ἀποσπασθεῖ καί τό τράβηγμα συνεχίστηκε.

Ἕνας ἄντρας, πού δέν εἴχαμε προσέξει, πρόβαλε πίσω ἀπό τά παιδιά πού ἔζωναν τό αὐτοκίνητό μας, τά παραμέρισε καί μᾶς ἐξήγησε σέ σπασμένα γαλλικά: «Ἡ καμήλα ἔχει λύσσα. Εἶναι ἐπικίνδυνη. Τήν ὁδηγοῦν στό σφαγεῖο. Πρέπει νά προσέχει κανείς πολύ». Πῆρε μιά σοβαρή ἔκφραση. Ἀνάμεσα στίς φράσεις του, ἀκούγαμε τίς οἰμωγές τοῦ ζώου.

Τόν εὐχαριστήσαμε καί φύγαμε λυπημένοι. Τίς ἑπόμενες μέρες μιλούσαμε συχνά γιά τή λυσσασμένη καμήλα. Οἱ ἀπελπισμένες κινήσεις της μᾶς εἶχαν κάνει βαθιά ἐντύπωση. Εἴχαμε πάει στήν ἀγορά, περιμένοντας νά δοῦμε ἑκατοντάδες ἀπό αὐτά τά ἤπια, ὅλο καμπύλες, ζῶα. Ἀλλά στήν ἀπέραντη πλατεία βρήκαμε μόνον ἕνα, μέ τρία πόδια, δεμένο, στή στερνή του ὥρα· καί, ἐνῶ πάλευε γιά τή ζωή του, ἐμεῖς φύγαμε.

Μερικές μέρες ἀργότερα, περάσαμε ἀπό ἄλλο μέρος τοῦ τείχους τῆς πόλης. Ἦταν βράδυ, ἡ κόκκινη ἀναλαμπή ἔσβηνε πάνω ἀπό τό τεῖχος. Τό κράτησα στό βλέμμα μου ὅσο μποροῦσα, χαιρόμουν τή σταδιακή ἀλλαγή τῶν χρωμάτων του. Τότε εἶδα, στόν ἴσκιο του, ἕνα μεγάλο καραβάνι μέ καμῆλες. Οἱ περισσότερες εἶχαν καθίσει στά γόνατα, ἄλλες στέκονταν ἀκόμα. Ἄντρες μέ τουρμπάνια στό κεφάλι περπατοῦσαν δραστήριοι, ἀλλά ἤρεμοι, ἀνάμεσά τους. Ἦταν μιά εἰκόνα τῆς εἰρήνης καί τοῦ σούρουπου.

Τό χρῶμα τῶν ζώων ἔσβηνε μέσα στό χρῶμα τοῦ τείχους. Κατεβήκαμε καί ἀνακατευτήκαμε κι ἐμεῖς μέ τίς καμῆλες. Καμιά δωδεκαριά ἀπό αὐτές εἶχαν γονατίσει κυκλικά γύρω ἀπό ἕνα βουνό ἀνακατεμένης τροφῆς. Τέντωναν τούς λαιμούς μπροστά, ἔπαιρναν τροφή στό στόμα, ἔριχναν τό κεφάλι πίσω καί μασοῦσαν ἤρεμα. Τίς παρατήσαμε προσεκτικά καί... τί παράξενο: εἶχαν πρόσωπα! Ὅμοιες μεταξύ τους κι ὅμως τόσο διαφορετικές! Ἔμοιαζαν μέ παλαιϊκές Ἀγγλίδες κυρίες, πού μέ ἀξιοπρέπεια καί φαινομενική ἀνία παίρνουν μαζί τό τσάι — χωρίς νά μποροῦν νά κρύψουν τήν κακία, μέ τήν ὁποία παρατηροῦν τό καθετί γύρω τους. «Πραγματικά, αὐτή εἶναι ἡ θεία μου», εἶπε ὁ Ἄγγλος φίλος μου στόν ὁποῖο μέ τάκτ, παρατήρησα τήν ὁμοιότητα μέ τούς συμπατριῶτες του. Καί ἀναγνωρίσαμε σύντομα κι ἄλλους διάφορους γνωστούς. Εἴμασταν ὑπερήφανοι πού συναντήσαμε αὐτό τό καραβάνι, γιά τό ὁποῖο δέν μᾶς εἶχε μιλήσει κανείς, καί μετρήσαμε 107 καμῆλες!

Ἕνας νεαρός μᾶς πλησίασε καί ζήτησε ἕνα νόμισμα. Τό χρῶμα τοῦ προσώπου του ἦταν σκοῦρο μπλέ, ὅπως καί τό ροῦχο του. Ἦταν καμηλιέρης, κι ἀπό τήν ὄψη του ἔμοιαζε νά εἶναι ἕνας ἀπό τούς «μπλέ ἄντρες», πού ζοῦν στά νότια τοῦ Ἄτλαντα.

Τό χρῶμα τῶν ρούχων τους — ἔτσι μᾶς εἶχαν πεῖ — ξεβάφει πάνω στό δέρμα τους κι ἔτσι εἶναι ὅλοι, ἄντρες καί γυναῖκες, βαθυκύανοι —ἡ μοναδική μπλέ ράτσα. Προσπαθήσαμε νά μάθουμε κάτι γιά τό καραβάνι ἀπό τόν νεαρό μας καμηλιέρη, πού μᾶς εὐχαριστοῦσε γιά τό νόμισμα. Γνώριζε, ὅμως, μόνο λίγες λέξεις γαλλικά. Ἔρχονταν ἀπό τό Γκουλιμίν καί ἦταν στό δρόμο εἴκοσι πέντε μέρες.

Αὐτά ἦταν ὅλα ὅσα καταλάβαμε. Τό Γκουλιμίν εἶναι μακριά στό Νότο κάτω, στήν ἔρημο, κι ἐμεῖς ἀναρωτιόμασταν ἄν τό καμηλοκαραβάνι εἶχε διαβεῖ τά βουνά τοῦ Ἄτλαντα. Θά θέλαμε, ἀκόμα, νά ξέραμε ποιός ἦταν ὁ τελικός προορισμός, γιατί ἡ περιπλάνηση δέν ἔμοιαζε νά τελειώνει ἐδῶ, κάτω ἀπό τά τείχη τῆς πόλης, καί οἱ καμῆλες ἔμοιαζαν νά παίρνουν δύναμη γιά ἐπερχόμενες ταλαιπωρίες.

Ὁ βαθυκύανος νέος, πού δέν μποροῦσε νά μᾶς πεῖ τίποτα ἄλλο, προσπάθησε νά μᾶς εὐχαριστήσει καί μᾶς ὁδήγησε σέ ἕναν ἀδύνατο, ὑψηλόσωμο ἄντρα, πού φοροῦσε ἄσπρο τουρμπάνι καί ὅλοι τοῦ ἔδειχναν σεβασμό. Μιλοῦσε καλά γαλλικά καί ἀπάντησε ἄνετα στίς ἐρωτήσεις μας. Τό καραβάνι ἐρχόταν ἀπό τό Γκουλιμίν καί πραγματικά ἦταν εἴκοσι πέντε μέρες στό δρόμο.

«Καί ποῦ πάει παρακάτω;»

«Δέν ἔχει παρακάτω», εἶπε. «Θά πουληθοῦν ἐδῶ, γιά σφάξιμο.»

«Γιά σφάξιμο;»

Κι οἱ δύο ἐνοχληθήκαμε, ἀκόμη κι ὁ φίλος μου πού στήν πατρίδα του εἶναι μανιώδης κυνηγός. Σκεφθήκαμε τή μακρινή περιπλάνηση τῶν ζώων· τήν ὀμορφιά τους μέσα στό σούρουπο· τήν ἀνυποψία τους· τό εἰρηνικό τους γεῦμα· ἴσως ἀκόμα καί τούς ἀνθρώπους πού μᾶς θύμισαν.

«Ναί, γιά σφάξιμο», εἶπε ὁ γέροντας. Ἡ φωνή του εἶχε κάτι τραχύ, σάν ἀπό στομωμένο μαχαίρι.

«Τρῶνε ἐδῶ πολύ κρέας καμήλας;», ρώτησα, ἐνῶ προσπαθοῦσα νά κρύψω τή στενοχώρια μου πίσω ἀπό οὐδέτερες ἐρωτήσεις.

«Πάρα πολύ!»

«Καί τί γεύση ἔχει; Ποτέ μου δέν τό ἔχω φάει.»

«Δέν ἔχετε φάει ποτέ κρέας καμήλας;», ξέσπασε σέ ἕνα εἰρωνικό, λίγο ἀδύνατο γέλιο, καί ἐπανέλαβε: «Δέν ἔχετε φάει ποτέ κρέας καμήλας;». Φαινόταν καθαρά πώς πίστευε ὅτι δέν μᾶς σερβίριζαν ἐδῶ ἄλλο ἀπό κρέας καμήλας καί συμπεριφερόταν πολύ ὑπεροπτικά —σάν γιά νά μᾶς ὑποχρεώσει νά τό φᾶμε.

«Εἶναι πολύ καλό», εἶπε.

«Πόσο κοστίζει δηλαδή μία καμήλα;»

«Αὐτό διαφέρει. Ἀπό 30.000 ὥς 70.000 φράγκα. Μπορῶ νά σᾶς δείξω. Θά τό καταλάβετε.»

Μᾶς ὁδήγησε σέ ἕνα πολύ ὡραῖο, ἀνοιχτόχρωμο ζῶο καί τό ἄγγιξε μέ ἕνα μπαστουνάκι, πού μόλις τώρα παρατήρησα.

«Αὐτό εἶναι καλό ζῶο. Ἀξίζει 70.000 φράγκα. Ὁ ἰδιοκτήτης του τό καβαλοῦσε ὁ ἴδιος. Θά μποροῦσε νά τό χρησιμοποιήσει πολλά χρόνια ἀκόμα. Ἀλλά προτίμησε νά τό πουλήσει. Μέ τά ἴδια χρήματα μπορεῖ νά ἀγοράσει δύο νέα ζῶα — καταλαβαίνετε.»

Καταλαβαίναμε.

«Ἤρθατε μέ τό καραβάνι ἀπό τό Γκουλιμίν;», ρωτήσαμε.

Ἀπέκρουσε κάπως ὀργισμένος αὐτή τήν αὐθάδεια.

«Ἐγώ εἶμαι ἀπό τό Μαρρακές», εἶπε μέ ὑπερηφάνεια. «Ἀγοράζω ζῶα καί τά πουλάω στούς χασάπηδες.»

Μόνο περιφρόνηση εἶχε γιά τούς ἄντρες πού εἶχαν κάνει τό μακρινό δρόμο καί, γιά τόν νεαρό μας μπλέ καμηλιέρη, εἶπε: «Δέν ξέρει τίποτα!».

Ἐκεῖνος ἤθελε, ὅμως, νά μάθει ἀπό ποῦ εἴμαστε καί ἐμεῖς εἴπαμε, γιά νά ἁπλουστεύσουμε, καί οἱ δύο: «Ἀπό τό Λονδίνο». Χαμογέλασε καί φάνηκε λίγο ἐρεθισμένος. «Στόν πόλεμο ἤμουν στή Γαλλία», εἶπε. Ἡ ἡλικία του ἔδειχνε φανερά πώς μιλοῦσε γιά τόν πρῶτο παγκόσμιο πόλεμο. «Ἤμουν κοντά σέ Ἄγγλους —δέν τά πῆγα καλά μαζί τους», πρόσθεσε βιαστικά καί κάπως χαμηλόφωνα. «Ἀλλά σήμερα ὁ πόλεμος δέν εἶναι πόλεμος. Δέν μετράει ὁ ἄντρας, ἡ μηχανή εἶναι τό πᾶν». Εἶπε μερικά γιά τόν πόλεμο, πού ἠχοῦσαν ὅλο ἄρνηση. «Δέν εἶναι πόλεμος αὐτός πιά». Σ' αὐτό συμφωνήσαμε μαζί του κι ἔτσι φάνηκε νά ξεπερνάει τό ὅτι ἐρχόμασταν ἀπό τήν Ἀγγλία.

«Ἔχουν πουληθεῖ ὅλα τά ζῶα;», ρώτησα ἀκόμα.

«Ὄχι. Ὅλα δέν μποροῦν νά πουληθοῦν. Ὅσα θά μείνουν πᾶνε παρακάτω —στό Σεττάτ. Ξέρετε τό Σεττάτ; Εἶναι στό δρόμο γιά τήν Καζαμπλάνκα, 160 χιλιόμετρα ἀπό ἐδῶ. Ἐκεῖ εἶναι τό τελευταῖο καμηλοπάζαρο. Ὅσα μείνουν, θά πουληθοῦν ἐκεῖ.»

Εὐχαριστήσαμε. Μᾶς ἄφησε νά φύγουμε χωρίς ἐπισημότητες. Δέν περάσαμε ἀνάμεσα στίς καμῆλες —μᾶς εἶχε κοπεῖ τό κέφι. Ἦταν σχεδόν σκοτεινά, ὅταν φύγαμε ἀπό τό καραβάνι.

Ἡ εἰκόνα τῶν ζώων δέν μέ ἄφηνε. Τά σκεπτόμουνα μέ φόβο, ἀλλά καί πάλι σάν νά μοῦ ἦταν οἰκεῖα ἀπό καιρό. Ἡ θύμηση τοῦ τελευταίου τους φαγητοῦ δέν δενόταν μέ ἐκείνη τή συζήτηση γιά τόν πόλεμο. Ἡ σκέψη νά ἐπισκεφθοῦμε τό καμηλοπάζαρο τήν ἑπόμενη Πέμπτη ἔμεινε μέσα μας ζωντανή. Ἀποφασίσαμε νά ξεκινήσουμε νωρίς τό πρωί μέ μιά ἀμυδρή ἐλπίδα πώς αὐτή τή φορά θά ἀποκτούσαμε μιά λιγότερο σκοτεινή έντύπωση γιά τή ζωή τους.

Φτάσαμε πάλι μπροστά στήν πύλη Έλ-Κεμίς. Ὁ ἀριθμός τῶν ζώων πού βρήκαμε, δέν ἦταν ἰδιαίτερα μεγάλος. Χάνονταν στήν ἀπεραντοσύνη τοῦ χώρου, πού δύσκολα γέμιζε. Ἀπό τή μιά μεριά ἦταν πάλι τά γαϊδούρια. Δέν πήγαμε σ' αὐτά, μείναμε κοντά στίς καμῆλες. Δέν ἦταν ποτέ πάνω ἀπό τρεῖς ἤ τέσσερις μαζί· καμιά φορά στεκόταν ἕνα μικρό, μονάχο, δίπλα στή μάνα του. Στήν ἀρχή μᾶς φάνηκαν ὅλες ἥσυχες. Ὁ μόνος θόρυβος ἐρχόταν ἀπό μικρές ὁμάδες ἀνθρώπων, πού παζάρευαν ἔντονα. Ἀλλά μᾶς φάνηκε σάν οἱ ἄντρες νά μήν ἐμπιστεύονταν μερικά ἀπό τά ζῶα. Δέν πήγαιναν κοντά τους, παρά μονάχα ἄν ἦταν ἀπόλυτα ἀπαραίτητο.

Δέν ἀργήσαμε νά προσέξουμε μιά καμήλα, πού ἔμοιαζε νά θέλει νά ἀμυνθεῖ ἐνάντια σέ κάτι. Βογγοῦσε, γρύλιζε καί γύρναγε τό κεφάλι μέ βία πρός ὅλες τίς πλευρές. Ἕνας ἄντρας προσπαθοῦσε νά τήν γονατίσει μέ τό ζόρι, κι ἐπειδή ἐκείνη δέν ὑπάκουε, βοηθοῦσε μέ μπαστουνιές. Ἀνάμεσα στούς δύο τρεῖς ἄλλους πού στέκονταν κοντά στό κεφάλι τοῦ ζώου καί τό πάλευαν, ἕνας ξεχώριζε: ἦταν στιβαρός, κοντόχοντρος, μέ σκοτεινό καί ἀπάνθρωπο πρόσωπο. Πάταγε γερά, τά πόδια του ἔμοιαζαν ριζωμένα στή γῆ. Μέ δραστικές κινήσεις τῶν μπράτσων τραβοῦσε ἕνα σκοινί μέσα ἀπό τό ρινικό διάφραγμα τοῦ ζώου, πού εἶχε τρυπήσει. Ἡ μύτη καί τό σκοινί βάφτηκαν κόκκινα ἀπό τό αἷμα. Ἡ καμήλα σπαρταροῦσε καί σκλήριζε, σέ λίγο μούγκριζε δυνατά. Τελικά —ἀφοῦ εἶχε γονατίσει— πήδηξε πάλι ἐπάνω καί προσπάθησε νά ἐλευθερωθεῖ, ἐνῶ ὁ ἄντρας τραβοῦσε ὅλο καί πιό γερά τό σκοινί. Οἱ ἄνθρωποι ἔβαζαν κόπο πολύ νά τήν δαμάσουν καί ἀκόμα πάλευαν, ὅταν κάποιος μᾶς πλησίασε καί εἶπε σέ σπασμένα γαλλικά:

«Μυρίζεται. Μυρίζεται τόν χασάπη. Τήν πούλησαν γιά σφάξιμο. Τώρα θά μπεῖ στό σφαγεῖο.»

«Μά πῶς μπορεῖ νά τόν μυριστεῖ;», ρώτησε ὁ φίλος μου ἀπορώντας.

«Αὐτός εἶναι ὁ χασάπης, πού στέκεται μπροστά της», καί ἔδειξε τόν γεροδεμένο σκοτεινό ἄνθρωπο πού εἴχαμε προσέξει. «Ὁ χασάπης ἔρχεται ἀπό τό σφαγεῖο καί μυρίζει αἷμα καμήλας. Αὐτό δέν ἀρέσει στήν καμήλα. Μιά καμήλα μπορεῖ νά γίνει πολύ ἐπικίνδυνη. Ὅταν παθαίνει λύσσα, ἔρχεται τή νύχτα καί σκοτώνει τούς ἀνθρώπους στόν ὕπνο τους!»

«Πῶς μπορεῖ νά σκοτώσει τούς ἀνθρώπους;», ρώτησα.

«Ὅταν κοιμοῦνται, ἔρχεται ἡ καμήλα, γονατίζει πάνω τους καί τούς πνίγει στόν ὕπνο. Πρέπει νά προσέχει κανείς πάρα πολύ. Πρίν ξυπνήσουν οἱ ἄνθρωποι, ἔχουν πνιγεῖ! Ναί, ἡ καμήλα ἔχει πολύ καλή μύτη. Ὅταν τή νύχτα κοιμᾶται δίπλα στόν κύριό της, ὀσμίζεται τούς κλέφτες καί ξυπνάει τόν κύριο. Τό κρέας εἶναι καλό. Πρέπει νά τό τρώει κανείς. Ça donne du courage. Δέν ἀρέσει στήν καμήλα νά εἶναι μόνη της. Μόνη της δέν πάει πουθενά. Ὅταν ἕνας ἄντρας θέλει νά πάρει τήν καμήλα του στήν πόλη, πρέπει νά βρεῖ κι ἄλλη μία πού θά πάει μαζί. Πρέπει νά δανειστεῖ μία, ἀλλιῶς δέν μπορεῖ νά πάρει τήν καμήλα του στήν πόλη. Δέν θέλει νά εἶναι μόνη. Ἐγώ ἤμουν στόν πόλεμο. Ἔχω ἕνα τραῦμα, κοιτάξτε ἐδῶ.» Ἔδειξε τό στῆθος του.

Ἡ καμήλα εἶχε κάπως ἠρεμήσει καί γιά πρώτη φορά γύρισα τό βλέμμα μου στόν ὁμιλητή. Τό στῆθος του φαινόταν βουλιαγμένο καί τό ἀριστερό μπράτσο ἄκαμπτο. Ὁ ἄνθρωπος μοῦ φάνηκε γνωστός. Ἦταν μικρόσωμος, ἀδύνατος καί πολύ σοβαρός. Ἀναρωτιόμουν ποῦ τόν εἶχα ξαναδεῖ.

«Πῶς σκοτώνουν τίς καμῆλες;»

« Τούς κόβουν τήν καρωτίδα. Πρέπει νά ξεμάξουν. Ἀλλιῶς δέν κάνει νά φαγωθοῦν. Ἕνας μουσουλμάνος δέν ἐπιτρέπεται νά τίς φάει, ἄν δέν ἔχουν χάσει ὅλο τό αἷμα τους. Δέν μπορῶ νά ἐργασθῶ ἀπό τό τραῦμα μου. Γι' αὐτό κάνω ἐδῶ λίγο τόν ξεναγό. Μίλησα μαζί σας τήν περασμένη Πέμπτη. Θυμόσαστε τή λυσσασμένη καμήλα; Ἤμουν στό Σάφι, ὅταν ἀποβιβάστηκαν οἱ Ἀμερικάνοι. Πολεμήσαμε λίγο τούς Ἀμερικάνους, ἀλλά ὄχι πολύ. Μετά μέ πῆραν στόν ἀμερικανικό στρατό. Ἐκεῖ ἦταν πολλοί Μαροκινοί. Ἤμουν στήν Κορσική καί στήν Ἰταλία μέ τούς Ἀμερικάνους. Ἤμουν παντοῦ. Ὁ Γερμανός εἶναι καλός στρατιώτης. Τό χειρότερο ἦταν τό Κασσίνο. Ἐκεῖ ἦταν πραγματικά ἄσχημα. Ἐκεῖ τραυματίστηκα. Ξέρετε τό Κασσίνο;»

Σιγά σιγά καταλάβαινα πώς ἐννοοῦσε τό Μόντε Κασσίνο. Μοῦ ἔκανε μιά περιγραφή τοῦ πεισματικοῦ ἀγώνα ἐκεῖ καί, αὐτός πού ἦταν τόσο ἤρεμος καί πράος, ζωήρεψε τόσο πολύ περιγράφοντας, σάν νά ἐπρόκειτο γιά τίς δολοφονικές ὀρέξεις τῆς λυσσασμένης καμήλας. Ἦταν τίμιος ἄνθρωπος, πίστευε σ' αὐτά πού ἔλεγε. Ἀλλά πῆρε τό μάτι του μιά ὁμάδα Ἀμερικάνους, ἀνάμεσα στά ζῶα, καί πολύ βιαστικά στράφηκε σ' αὐτούς. Ἐξαφανίστηκε τόσο γρήγορα, ὅπως εἶχε ἐμφανισθεῖ, καί ἐμένα μέ βόλεψε αὐτό. Γιατί εἶχα χάσει τήν καμήλα —πού δέν μούγκριζε πιά— ἀπό τ' αὐτιά καί τά μάτια μου καί ἤθελα νά τήν ξαναδῶ.

Τήν βρῆκα γρήγορα. Ὁ χασάπης τήν εἶχε παρατήσει. Εἶχε γονατίσει πάλι. Τίναζε ἀκόμα καμιά φορά τό κεφάλι. Τό αἷμα ἀπό τά ρουθούνια εἶχε ἁπλώσει περισσότερο. Αἰσθάνθηκα κάτι σάν εὐγνωμοσύνη γιά τίς λίγες ἀπατηλές στιγμές πού τήν ἄφησαν μόνη. Ἀλλά δέν μποροῦσα νά κοιτάξω πολύ, γιατί ἤξερα τή μοίρα της, καί γλίστρησα μακριά.

Ὁ φίλος μου εἶχε ἀπομακρυνθεῖ, ὅσο διηγιόταν ὁ ξεναγός, στά ἴχνη κάποιων Ἄγγλων. Τόν ἔψαξα, ὥσπου τόν βρῆκα στήν ἄλλη ἄκρη τῆς πλατείας· ἦταν ἀνάμεσα στά γαϊδούρια. Ἴσως ἐδῶ αἰσθανόταν λιγότερο ἄσχημα.

Ὅσον καιρό κράτησε ἡ παραμονή μας στήν κόκκινη πολιτεία, ποτέ δέν ξαναμιλήσαμε γιά καμῆλες.

Τά Σούκς

Στά Σούκς μυρίζει μπαχαρικό, ἔχει δροσιά καί χρώματα. Ἡ μυρωδιά, πού πάντα εἶναι εὐχάριστη, ἀλλάζει σταδιακά, ἀνάλογα μέ τή φύση τοῦ ἐμπορεύματος. Δέν ὑπάρχουν ὀνόματα καί ἐπιγραφές, οὔτε βιτρίνες. Ὅ,τι πουλιέται, εἶναι ἐκτεθειμένο. Δέν ξέρεις ποτέ τί θά κοστίσουν τά πράγματα, γιατί οὔτε σ' αὐτά εἶναι καρφιτσωμένες οἱ τιμές τους, οὔτε οἱ τιμές εἶναι σταθερές.

Ὅλα τά κελιά καί μαγαζιά, ὅπου πουλιοῦνται ὅμοια πράγματα, εἶναι κοντά-κοντά, εἴκοσι, τριάντα ἤ καί περισσότερα. Ὑπάρχει παζάρι γιά τά μπαχαρικά καί παζάρι γιά τά δέρματα. Οἱ σχοινάδες ἔχουν τή θέση τους καί οἱ καλαθοπλέχτες τή δικιά τους. Ἀπό τούς πωλητές χαλιῶν, μερικοί ἔχουν μεγάλους, εὐρύχωρους, θολωτούς χώρους. Περνᾶς ἀπό μπροστά τους, σάν νά ἦταν ξεχωριστή πόλη, καί σέ φωνάζουν μέ νόημα νά μπεῖς. Οἱ κοσμηματοπῶλες εἶναι τακτοποιημένοι γύρω ἀπό μιά εἰδική αὐλή. Σέ πολλά ἀπό τά μικρά τους μαγαζιά, βλέπεις ἄντρες νά δουλεύουν. Βρίσκεις τά πάντα, ἀλλά τά βρίσκεις πολλές φορές.

Ἡ δερμάτινη τσάντα πού ἐπιθυμεῖς, φιγουράρει σέ εἴκοσι διαφορετικά μαγαζιά —τό καθένα κολλητά στό ἄλλο. Μέσα κάθεται ἕνας ἄντρας, ἀνάμεσα στά ἐμπορεύματα. Τά ἔχει ὅλα δίπλα του, ὁ χῶρος εἶναι λίγος. Δέ χρειάζεται οὔτε νά τεντωθεῖ γιά νά πιάσει ὁποιαδήποτε ἀπό τίς πέτσινες τσάντες. Μόνον ἀπό εὐγένεια θά σηκωθεῖ, ἄν δέν εἶναι πολύ γέρος. Στό διπλανό κελί, ὁ ἄνθρωπος ἔχει τελείως ἄλλη ὄψη, ὅμως κάθεται ἀνάμεσα στά ἴδια ἐμπορεύματα.

Αὐτό τραβάει ἴσως καί ἑκατό μέτρα κι ἀπό τίς δύο πλευρές τῆς σκεπασμένης στοᾶς. Προσφέρονται, σάν νά λέμε, τά πάντα σέ δερμάτινα —ὅ,τι ἔχει νά δείξει αὐτό τό μεγαλύτερο καί διασημότερο παζάρι τῆς πόλης καί ὁλόκληρου τοῦ δυτικοῦ Μαρόκου. Σ' αὐτή τήν ἐπίδειξη ὑπάρχει πολλή ὑπερηφάνεια. Δείχνουν τί μποροῦν νά φτιάξουν, ἀλλά δείχνουν καί πόσα ὑπάρχουν ἀπό αὐτά. Ἔχεις τήν ἐντύπωση ὅτι οἱ τσάντες οἱ ἴδιες τό ξέρουν πώς ἀποτελοῦν πλοῦτο καί ἐπιδεικνύονται ὄμορφα φτιαγμένες στά μάτια τῶν περαστικῶν. Δέν θά ἀποροῦσες, ἄν ξέσπαγαν ἀπότομα ὅλες μαζί σέ κίνηση ρυθμική κι ἔδειχναν, σέ ἕνα πολύχρωμο ὀργιαστικό χορό, ὅλη τή γοητεία πού κρύβουν μέσα τους.

Ἡ συντεχνιακή αἴσθηση αὐτῶν τῶν πραγμάτων, πού εἶναι μαζί ξεχωρισμένα ἀπό κάθε τί τό διαφορετικό, ἀναδημιουργεῖται ἀπό τόν περαστικό, κατά τό κέφι του, σέ κάθε περίπατο μέσα στά Σούκς.

«Σήμερα θέλω νά περπατήσω ἀνάμεσα στά μπαχάρια», λέει στόν έαυτό του, καί τό θαυμάσιο μίγμα τῶν ἀρωμάτων ἀνεβαίνει στή μύτη του καί βλέπει τά μεγάλα καλάθια μέ τό κόκκινο πιπέρι μπροστά του. «Σήμερα θά εἶχα κέφι γιά τά βαμμένα μαλλιά!» Καί νά! Κρέμονται ψηλά, ἀπό ὅλες τίς μεριές, σέ πορφυρό, σέ βαθυκύανο, σέ ἡλιοκίτρινο, σέ μαῦρο. «Σήμερα θέλω νά πάω στά καλάθια καί νά δῶ πῶς τά πλέκουν.»

Εἶναι ἐκπληκτικό τό πόση ἀξιοπρέπεια κερδίζουν ἔτσι τά ἀντικείμενα πού φτιάχνει ὁ ἄνθρωπος. Δέν εἶναι πάντα ὡραῖα· ὅλο καί πιό πολύ τρυπώνουν ἀνάμεσά τους φτηνοπράγματα ἀμφίβολης προέλευσης, φτιαγμένα ἀπό μηχανές, φερμένα ἀπό χῶρες τοῦ Βορρᾶ. Ἀλλά ὁ τρόπος πού παρουσιάζονται εἶναι πάντα ὁ παλιός. Κοντά στά μαγαζιά, ὅπου μόνο πουλᾶνε, ὑπάρχουν πολλά ὅπου μπορεῖ ὁ περαστικός νά παρατηρήσει πῶς φτιάχνονται τά πράγματα. Ἔτσι, συμμετέχει ἀπό τήν ἀρχή — καί αὐτό κάνει τόν παρατηρητή εὐδιάθετο. Γιατί, στήν ἐρήμωση τῆς σύγχρονης ζωῆς μας, συμβάλλει καί τό ὅτι ὅλα μᾶς ἔρχονται ἕτοιμα στό σπίτι, γιά χρήση — σάν νά βγαίνουν ἀπό ἄσκημες μαγικές μηχανές. Ἐδῶ, ὅμως, μπορεῖς νά δεῖς τόν σχοινά νά δουλεύει μέ ζῆλο καί δίπλα του νά κρέμεται τό ἀπόθεμα σέ ἕτοιμα σχοινιά. Σέ μικροσκοπικά κελιά τορνεύουν ξύλα πλῆθος νέα παιδιά —ἕξι κι ἑπτά μαζί— καί νέοι ἄντρες συναρμολογοῦν χαμηλά τραπεζάκια ἀπό τά κομμάτια πού φτιάχνουν τά παιδιά. Τό μαλλί, πού θαυμάζεις τά φωτεινά του χρώματα, βάφεται μπροστά σου. Καί παρακάτω κάθονται γύρω ἀγόρια, πού πλέκουν σκούφιες σέ ὄμορφα καί πολύχρωμα σχέδια.

Εἶναι μιά ἀνοιχτή δραστηριότητα καί αὐτό πού συμβαίνει δείχνεται, ὅπως καί τό ἕτοιμο ἀντικείμενο. Σέ μιά κοινωνία, ὅπου τόσα πολλά εἶναι κρυφά, πού ζηλότυπα κρύβει τό ἐσωτερικό τῶν σπιτιῶν της, τή μορφή καί τό πρόσωπο τῶν γυναικῶν της, ἀκόμα καί τούς ναούς της, ἡ ὑπερβολική ἀνοιχτή εἰλικρίνεια αὐτοῦ πού παράγεται καί πουλιέται, εἶναι διπλά ἑλκυστική.

Ἀρχικά θέλησα νά γνωρίσω τό ἐμπόριο, ἀλλά, ὅποτε ἔμπαινα στά Σούκς, τό ἔχανα ἀπό τά μάτια μου, ἀνάμεσα στά ἐμπορεύματα. Ἁπλά ἰδωμένο, φαίνεται ἀκατανόητο τό γιατί ἀπευθύνεται κανείς σέ ἕνα συγκεκριμένο ἔμπορο «μαροκέν», ὅταν δίπλα ὑπάρχουν ἄλλοι εἴκοσι, πού τά ἐμπορεύματά τους ἐλάχιστα διαφέρουν ἀπό τά δικά του. Μπορεῖ κανείς νά πάει ἀπό τόν ἕνα στόν ἄλλο καί πάλι πίσω στόν πρῶτο. Τό μαγαζί ὅπου θά ἀγοράσει, δέν εἶναι ποτέ σίγουρο ἀπό τήν ἀρχή. Ἀκόμα κι ὅταν εἶχε βάλει αὐτό ἤ ἐκεῖνο στό μυαλό του, ἔχει κάθε εὐκαιρία νά ἀλλάξει γνώμη.

Τό διαβάτη πού περνάει ἀπ' ἔξω, οὔτε πόρτες, οὔτε τζάμια τόν χωρίζουν ἀπό τά ἐμπορεύματα. Ὁ ἔμπορος, πού κάθεται ἀνάμεσά τους, δέν μοστράρει ὄνομα καί εἶναι εὔκολο γι' αὐτόν, ὅπως κιόλας ἔχω πεῖ, νά φτάνει καί νά πιάνει τά πάντα. Στόν περαστικό δίνεται πρόθυμα κάθε ἀντικείμενο. Μπορεῖ νά τό κρατήσει ὥρα στά χέρια του, μπορεῖ ὥρα νά μιλάει γι' αὐτό, μπορεῖ νά κάνει ἐρωτήσεις, νά ἐκφράσει ἀμφιβολίες καί, ἄν τό 'χει κέφι, νά διηγηθεῖ τήν ἱστορία του, τήν ἱστορία τῆς φυλῆς του, τήν ἱστορία ὅλου τοῦ κόσμου —χωρίς ν' ἀγοράσει. Ὁ ἄντρας μέσα στά ἐμπορεύματά του εἶναι, πρῶτα ἀπ' ὅλα, ἤρεμος. Κάθεται πάντα ἐκεῖ. Μοιάζει πάντα προσιτός. Δέν ἔχει χῶρο καί εὐκαιρίες γιά πολλές κινήσεις. 'Ανήκει στά ἐμπορεύματά του —ὅσο κι ἐκεῖνα σ' αὐτόν. Δέν εἶναι συσκευασμένα σέ ράφια —τά 'χει μέσα στά χέρια του ἤ μέσα στά μάτια του. Μιά οἰκειότητα, πού σαγηνεύει, ὑπάρχει ἀνάμεσα σ' αὐτόν καί τά ἀντικείμενά του. Σάν νά εἶναι ἡ ἰδιαίτερη πολυπληθής οἰκογένειά του — ἔτσι τά φυλάει καί τά κρατάει σέ τάξη.

Δέν τόν ἐνοχλεῖ, οὔτε τόν πιέζει, πού ξέρει ἀκριβῶς τήν ἀξία τους. Γιατί τήν κρατάει κρυφή καί ποτέ κανείς δέν θά τή μάθει. Αὐτό δίνει στή διαδικασία τοῦ παζαριοῦ κάτι τό φλογερά μυστηριῶδες. Μόνο αὐτός μπορεῖ νά μάθει πόσο κοντά φτάνει κάποιος στό μυστικό του· καί ξέρει καλά νά ἀποκρούει μέ ὁρμή ὅλες τίς ἐπιθέσεις —ἔτσι πού ἡ προστατευτική ἀπόσταση ἀπό τήν ἀξία νά μήν κινδυνέψει ποτέ. Γιά τόν ἀγοραστή θεωρεῖται τιμητικό νά μήν ἀφήσει νά τόν ξεγελάσουν, ἀλλά δέν εἶναι εὔκολο τό ἐγχείρημα μιά καί ψηλαφεῖ στά σκοτεινά. Στίς χῶρες τῆς ἠθικῆς τῶν τιμῶν —ἐκεῖ ὅπου κυριαρχοῦν οἱ σταθερές τιμές— δέν εἶναι διόλου τέχνη νά ψωνίσεις. Κάθε ἠλίθιος πάει καί βρίσκει αὐτό πού χρειάζεται, κάθε ἠλίθιος πού ξέρει νά διαβάσει νούμερα τά καταφέρνει νά μή τόν γελάσουν.

Στά Σούκς, ὅμως, ἡ πρώτη τιμή πού θά ἀναφερθεῖ εἶναι αἴνιγμα ἀκατανόητο. Κανείς δέν τήν ξέρει ἀπό πρίν, οὔτε ὁ ἔμπορος. Γιατί ὑπάρχουν γιά κάθε περίπτωση πολλές τιμές. Καθεμιά ἀναφέρεται σέ ἄλλη κατάσταση, σέ ἄλλον ἀγοραστή, σέ ἄλλη ὥρα τῆς μέρας, ἄλλη μέρα τῆς βδομάδας. Ὑπάρχουν τιμές γιά μεμονωμένα ἀντικείμενα κι ἄλλες γιά δύο καί τρία μαζί. Ὑπάρχουν τιμές γιά ξένους πού μένουν στήν πόλη μόνο μία μέρα καί ἄλλες γιά ξένους πού βρίσκονται στόν τόπο ἐδῶ καί τρεῖς βδομάδες. Ὑπάρχουν τιμές γιά φτωχούς καί τιμές γιά πλούσιους, ὅπου, βέβαια, οἱ τιμές γιά τούς φτωχούς εἶναι καί οἱ ψηλότερες. Θά πίστευε κανείς πώς ὑπάρχουν περισσότερα διαφορετικά εἴδη τιμῶν ἀπό ὅσο διαφορετικοί ἄνθρωποι στόν κόσμο.

Ἀλλά αὐτή εἶναι μόνο ἡ ἀρχή μιᾶς περίπλοκης ὑπόθεσης, γιά τό τέλος τῆς ὁποίας δέν ξέρουμε τίποτα. Ἰσχυρίζονται πώς πρέπει νά κατεβάσεις τήν τιμή στό ἕνα τρίτο τῆς ἀρχικῆς, ἀλλά αὐτό δέν εἶναι παρά μιά βάρβαρη ἐκτίμηση καί μιά ἀπό αὐτές τίς ρηχές γενικεύσεις, μέ τίς ὁποῖες βολεύονται οἱ ἄνθρωποι πού δέν θέλουν ἤ δέν εἶναι σέ θέση νά ἀποδεχθοῦν τίς λεπτότητες αὐτῆς τῆς πανάρχαιης διαδικασίας.

Εἶναι ἐπιθυμητό τό πάρε-δῶσε τῶν διαπραγματεύσεων νά κρατήσει μιά μικρή, πλούσια σέ περιεχόμενο, αἰωνιότητα. Ὁ ἔμπορος χαίρεται τόν χρόνο πού καταναλώνεται γιά τήν ἀγορά. Τά ἐπιχειρήματα, πού στοχεύουν στήν ὑποχώρηση τοῦ ἄλλου, πρέπει νά εἶναι τραβηγμένα, μπερδεμένα, πιεστικά καί ἐρεθιστικά. Μπορεῖ νά εἶναι κανείς ἀξιοπρεπής ἤ εὔγλωττος —καλύτερα νά εἶναι καί τά δύο. Ἡ ἀξιοπρέπεια δείχνει —καί γιά τίς δύο πλευρές— πώς δέν νοιάζεται κανείς ἰδιαίτερα νά πουλήσει ἤ νά ἀγοράσει. Ἡ εὐγλωττία μαλακώνει τήν ἀποφασιστικότητα τοῦ ἀντιπάλου. Ὑπάρχουν ἐπιχειρήματα, πού ξυπνᾶνε μόνο τόν περίγελο —ἄλλα ὅμως πετυχαίνουν τήν καρδιά. Πρέπει νά τά δοκιμάσεις ὅλα, πρίν ὑποχωρήσεις. Ἀλλά ἀκόμα κι ὅταν ἔρθει ἡ στιγμή νά ὑποχωρήσεις, πρέπει νά τό κάνεις ἀπροσδόκητα καί ἀπότομα, γιά νά πάθει σύγχυση ὁ ἀντίπαλος καί νά σοῦ δώσει τήν εὐκαιρία νά κοιτάξεις μέσα του. Μερικοί ἀφοπλίζουν μέ ὑπεροψία, ἄλλοι μέ χάρη. Κάθε μαγεία ἐπιτρέπεται, εἶναι ὅμως ἀδιανόητη ἡ χαλάρωση τῆς προσοχῆς.

Στά μαγαζιά πού εἶναι τόσο μεγάλα, ὥστε νά μπορεῖς νά μπεῖς καί νά κυκλοφορήσεις, συνηθίζει ὁ πωλητής νά συμβουλεύεται κάποιον ἄλλο, πρίν νά ἐνδώσει. Ὁ δεύτερος αὐτός, πού στέκει ἀμέτοχος στό βάθος —ἕνα εἶδος πνευματικοῦ ἀρχηγοῦ τῶν τιμῶν— ἐμφανίζεται, ἀλλά δέν παζαρεύει. Προσφεύγει κανείς σ' αὐτόν, γιά νά πάρει τίς τελευταῖες ἀποφάσεις. Μπορεῖ, ἐνάντια ὑποτίθεται στή θέληση τοῦ πωλητῆ, νά ἐπιτρέψει φανταστικές διακυμάνσεις τιμῶν. Ἀλλά ἀφοῦ τό κάνει αὐτός, πού δέν ἔχει πάρει μέρος στό παζάρι, κανείς δέν παραχώρησε τίποτα.

Οἱ ἐπικλήσεις τῶν τυφλῶν

Προσπαθῶ νά ἐξιστορήσω κάτι καί, μόλις σωπάσω, καταλαβαίνω πώς δέν ἔχω πεῖ ἀκόμα τίποτα. Μέσα μου μένει μιά θαυμαστά φωτεινή, πυκνόρευστη οὐσία καί κοροϊδεύει τίς λέξεις. Μήπως εἶναι ἡ γλώσσα πού δέν καταλάβαινα ἐκεῖ καί πού τώρα βαθμιαῖα πρέπει νά περάσει μέσα μου; Ὑπῆρξαν γεγονότα, εἰκόνες, ἦχοι, πού τό νόημά τους μόνο βαθιά σου προκύπτει, πού δέν ἐμπεριέχονται, οὔτε τέμνονται μέ λέξεις· πού εἶναι πέρα ἀπό τίς λέξεις, βαθύτερα καί πιό πολυσήμαντα ἀπό αὐτές.

Ὀνειρεύομαι ἕναν ἄνθρωπο πού ξεμαθαίνει ὅλες τίς γλῶσσες τῆς γῆς, ὥσπου νά μήν καταλαβαίνει σέ καμιά χώρα αὐτό πού λέγεται.

Τί ὑπάρχει στή γλώσσα; Τί μᾶς κρύβει; Τί μᾶς ἀφαιρεῖ; Τίς ἑβδομάδες πού ἔμεινα στό Μαρόκο, δέν προσπάθησα νά μάθω οὔτε ἀραβικά, οὔτε μία ἀπό τίς γλῶσσες τῶν Βερβερίνων. Δέν ἤθελα νά χάσω τίποτα ἀπό τή δύναμη τῶν παράξενων φωνῶν. Ἤθελα νά μέ ἀγγίζουν οἱ ἦχοι μέ τήν ἴδια τους τήν παρουσία — καί νά μήν ἀδυνατίσω τίποτα μέ μιά ἀνεπαρκή καί τεχνητή γνώση. Δέν εἶχα διαβάσει γιά τή χώρα. Τά ἔθιμά της μοῦ ἦταν τόσο ξένα, ὅσο καί οἱ ἄνθρωποί της. Τά λίγα, πού στή διάρκεια μιᾶς ζωῆς σοῦ ἔρχονται γύρω ἀπό αὐτόν τόν λαό καί αὐτή τή χώρα, ξέφτισαν μέσα στίς πρῶτες ὧρες.

Ἡ λέξη «Ἀλλάχ» ὅμως ἔμεινε —αὐτήν δέν μποροῦσα νά τήν ἀποφύγω. Καί μ' αὐτήν ἤμουν ἐξοπλισμένος γιά κεῖνο τό κομμάτι τῆς ἐμπειρίας μου, πού ἦταν τό πιό συχνό, τό πιό διεισδυτικό καί τό πιό μόνιμο: γιά τούς τυφλούς. Στά ταξίδια τά ἀποδέχεται κανείς ὅλα, ἡ ἀγανάκτηση μένει στό σπίτι. Βλέπεις, ἀκοῦς καί ἐνθουσιάζεσαι μέ τό πιό φοβερό, γιατί εἶναι καινούργιο. Οἱ καλοί ταξιδιῶτες δέν ἔχουν καρδιά.

Ὅταν πέρυσι, μετά ἀπό ἀπουσία εἴκοσι πέντε χρόνων, πλησίαζα στή Βιέννη, πέρασα μέσα ἀπό τό Τυφλοπάζαρο, ἕνα μέρος πού τήν ὕπαρξή του δέν εἶχα παλιότερα ὑποπτευθεῖ. Τό ὄνομα μέ χτύπησε σάν μαστίγιο καί ἀπό τότε δέν μέ ἐγκατέλειψε. Φέτος, πού ἦρθα στό Μαρρακές, βρέθηκα ξαφνικά ἀνάμεσα στούς τυφλούς. Ἦταν ἑκατοντάδες, ἀμέτρητοι, οἱ περισσότεροι ζητιάνοι· μιά ὁμάδα ἀπό αὐτούς, πότε ὀχτώ - πότε δέκα, στέκονταν σφιχτά μαζί στή σειρά, στό παζάρι, καί ὁ τραχύς, αἰώνια ἐπαναλαμβανόμενος λόγος τους ἀκουγόταν ἀπό μακριά. Στηνόμουν μπροστά τους, ἀκίνητος ὅπως κι αὐτοί, καί δέν ἤμουν ποτέ σίγουρος ἄν ἔνιωθαν τήν παρουσία μου. Ὁ καθένας τους τέντωνε μπροστά του ἕνα ξύλινο κύπελλο ἐλημοσύνης καί, ὅταν κάποιος ἔριχνε κάτι σέ ἕνα ἀπό αὐτά, τό δωρισμένο νόμισμα πήγαινε ἀπό χέρι σέ χέρι, ὁ καθένας τό ἔψαυε, ὁ καθένας τό ἔλεγχε, ὥσπου ἕνας —ἐξουσιοδοτημένος γι' αὐτό— τό ἔβαζε τελικά στήν τσέπη. Οἱ ἄνθρωποι αὐτοί ψηλαφοῦσαν ὁμαδικά —ὅπως ὁμαδικά μουρμούριζαν καί ἐπικαλοῦνταν.

Ὅλοι οἱ τυφλοί σοῦ προσφέρουν τό ὄνομα τοῦ Θεοῦ καί μπορεῖς μέ τήν ἐλεημοσύνη νά κερδίσεις δικαιώματα σ' αὐτό. Ἀρχίζουν μέ τόν Θεό, τελειώνουν μέ τόν Θεό, ἐπαναλαμβάνουν τό ὄνομά του δέκα χιλιάδες φορές τή μέρα. Ὅλες οἱ ἐπικλήσεις τους περιέχουν τό ὄνομά του, σέ κλινόμενες μορφές —ἀλλά ἡ ἔκκληση, ὅταν ὁριστικοποιηθεῖ, μένει πάντα ἴδια. Εἶναι ἀκουστικά ἀραβουργήματα γύρω ἀπ' τόν Θεό —ἀλλά πόσο πιό ἐντυπωσιακά ἀπό τά ὀπτικά. Μερικοί ἐμπιστεύονται τό γυμνό ὄνομά του καί δέν φωνάζουν ἄλλο ἀπό αὐτό. Ὑπάρχει σ' αὐτούς ἕνα τρομερό πεῖσμα —ὁ Θεός μοῦ φάνηκε σάν τεῖχος, πού τό πολεμᾶνε πάντα στό ἴδιο μέρος. Πιστεύω πώς οἱ ζητιάνοι, πιό πολύ κρατιοῦνται στή ζωή ἀπό τίς τυποποιημένες φράσεις, παρά ἀπό τίς εἰσπράξεις τους.

Ἡ ἐπανάληψη τῆς ἴδιας ἐπίκλησης χαρακτηρίζει αὐτόν πού ἐπικαλεῖται. Τήν ἐντυπώνεται, τήν γνωρίζει, εἶναι τώρα γιά πάντα ἐκεῖ. Ὁ ἐπικαλούμενος ταυτίζεται μαζί της σέ μιά ἀκριβέστατα περιορισμένη ἰδιότητά του — αὐτήν τῆς ἐπίκλησης. Δέν θά μάθεις περισσότερα γι' αὐτόν, αὐτοπροστατεύεται, ἡ ἐπίκληση εἶναι καί τό σύνορό του. Σ' αὐτή τή θέση εἶναι ἀκριβῶς ὅ,τι φωνάζει, τίποτα παραπάνω, τίποτα λιγότερο: ἕνας ζητιάνος τυφλός. Ἀλλά ἡ ἐπίκληση εἶναι καί πολλαπλασιασμός, ἡ γρήγορη καί τακτική ἐπανάληψή της τόν μεταβάλλει σέ ὁμάδα. Ἐνυπάρχει σ' αὐτόν μιά ἰδιαίτερη ἐνέργεια τῆς ἀπαίτησης —ἀπαιτεῖ γιά πολλούς καί τσεπώνει γιά ὅλους. «Σκέψου ὅλους τούς ζητιάνους, σκέψου ὅλους τούς ζητιάνους! Ὁ Θεός νά σ' εὐλογεῖ γιά ὅλους τούς ζητιάνους πού ἐλεεῖς.»

Λένε πώς οἱ φτωχοί θά πᾶνε στόν παράδεισο πεντακόσια χρόνια πρίν ἀπό τούς πλούσιους. Μέ τήν ἐλεημοσύνη ἐξαγοράζει κανείς λίγο παράδεισο ἀπό τούς φτωχούς. Ὅταν κάποιος πεθάνει, «ἀκολουθᾶνε πεζῆ, μέ ἤ χωρίς στριγγιές μοιρολογῆτρες, γρήγορα στόν τάφο, γιά νά φτάσει ὁ νεκρός σύντομα στή μακαριότητα. Οἱ τυφλοί τραγουδᾶνε τήν ὁμολογία τῆς πίστης».

Ὅταν γύρισα ἀπό τό Μαρόκο, κάθισα μέ κλειστά μάτια καί σταυρωμένα πόδια σέ μιά γωνιά τοῦ δωματίου μου· καί προσπάθησα γιά μισή ὥρα, μέ τήν σωστή ταχύτητα καί τήν σωστή δύναμη, νά λέω: Ἀλλάχ! Ἀλλάχ! Ἀλλάχ! Προσπάθησα νά φανταστῶ πώς τό ἐπαναλαμβάνω γιά μία ὁλόκληρη μέρα κι ἕνα μεγάλο μέρος τῆς νύχτας. Πώς, ὕστερα ἀπό ἕναν σύντομο ὕπνο, πάλι ξαναρχίζω. Πώς συνεχίζω μέρες καί ἑβδομάδες καί μῆνες καί χρόνια. Πώς γίνομαι γέροντας καί γεροντότερος καί ζῶ ἔτσι καί γαντζώνομαι πεισματικά σ' αὐτή τή ζωή. Πώς γίνομαι ἔξαλλος, ὅταν κάτι μ' ἐνοχλεῖ σ' αὐτή τή ζωή· πώς δέν θέλω ἄλλο, πώς ὁλόκληρος ἐπιμένω σ' αὐτήν.

Ἐννόησα τί πειρασμός ἐνυπάρχει σέ μιά τέτοια ζωή, πού ἀνάγει τά πάντα στήν ἁπλούστερη μορφή ἐπανάληψης. Πόση πολλή ἤ λίγη ποικιλία ὑπῆρχε, λοιπόν, στή δραστηριότητα τῶν μαστόρων πού εἶδα νά δουλεύουν στά μικρά τους κελιά; Στό παζάρεμα τῶν ἐμπόρων; Στά βήματα τῶν χορευτῶν; Στά ἀμέτρητα φλιτζάνια τσάι μέντας πού πίνουν ὅλοι οἱ φιλοξενούμενοι ἐδῶ; Πόση ποικιλία ὑπάρχει στό χρῆμα; Πόση στήν πείνα;

Ἐννόησα τί εἶναι στήν πραγματικότητα αὐτοί οἱ τυφλοί ζητιάνοι: οἱ ἅγιοι τῆς ἐπανάληψης. Ἀπό τή ζωή τους ἔχουν ἐξαλειφθεῖ τά περισσότερα, πού σέ μᾶς ξεφεύγουν ἀπό τήν ἐπανάληψη. Ὑπάρχει τό μέρος ὅπου κάθονται σταυροπόδι —ἤ στέκουν. Ὑπάρχει ἡ ἀμετάβλητη ἐπίκληση. Ὑπάρχει ὁ περιορισμένος ἀριθμός νομισμάτων, στά ὁποῖα μποροῦν νά ἐλπίζουν —δύο ἤ τρεῖς διαφορετικές μονάδες. Ὑπάρχουν, βέβαια, καί αὐτοί πού δίνουν. Αὐτοί εἶναι διαφορετικοί, ἀλλά οἱ τυφλοί δέν τούς βλέπουν —καί, μέ τήν τυποποιημένη φράση εὐχαριστίας, φροντίζουν νά γίνουν καί οἱ δότες ὅλοι ἴδιοι.

Τό σάλιο τοῦ Μαραμπού

Ἄφησα τήν ὁμάδα τῶν ὀχτώ τυφλῶν —μέ τή λιτανεία τους στ' αὐτιά μου— καί εἶχα κάνει μόνο λίγα βήματα, ὅταν πρόσεξα ἕναν γέρο ἀσπρομάλλη ἄντρα, πού στεκόταν ὁλομόναχος, μέ τά πόδια ἀνοιχτά. Κρατοῦσε τό κεφάλι ἐλαφρά σκυμμένο καί μάσαγε. Κι αὐτός ἦταν τυφλός καί, ἄν ἔκρινε κανείς ἀπό τά ράκη πού φοροῦσε, κι αὐτός ζητιάνος. Ὅμως τά μάγουλά του ἦταν γεμάτα καί ροδαλά, τά χείλη του ὑγιή καί ὑγρά. Μασοῦσε συστηματικά σάν νά ἀκολουθοῦσε κάποια ὁδηγία. Φαινόταν νά νιώθει μεγάλη ἀπόλαυση καί, ὅπως τόν παρατηροῦσα, σκέφθηκα τό σάλιο του —πώς θά 'πρεπε νά ἔχει ἀπ' αὐτό πολύ. Στεκόταν μπροστά σέ μιά σειρά παράγκες, ὅπου ἦταν σωριασμένα βουνά ἀπό πορτοκάλια γιά πούλημα. Εἶπα μέσα μου πώς κάποιος ἀπό τούς ἐμπόρους θά τοῦ εἶχε δώσει ἕνα πορτοκάλι καί αὐτό θά μασοῦσε. Τό δεξί του χέρι στεκόταν λίγο μακριά ἀπό τό σῶμα —τά δάχτυλα τεντωμένα καί ἀνοιχτά. Ἔμοιαζαν παράλυτα, σάν νά μή μποροῦσε νά τά κλείσει.

Ὑπῆρχε ἀρκετός ἐλεύθερος χῶρος γύρω ἀπό τόν γέροντα —πράγμα πού βρῆκα ἐκπληκτικό σ' αὐτό τό πολυσύχναστο μέρος. Ἔδινε τήν ἐντύπωση πώς ἦταν πάντα μόνος καί πώς δέν ἐπιθυμοῦσε τίποτα παραπάνω. Τόν παρατηροῦσα ἀποφασισμένο νά μασάει καί περίμενα τί θά γίνει, ὅταν θά τελείωνε. Κράτησε πάρα πολύ —ποτέ δέν εἶχα δεῖ ἄνθρωπο νά μασάει μέ τόσο ζῆλο καί σύστημα. Αἰσθάνθηκα πώς καί τό δικό μου στόμα ἄρχισε νά μπαίνει σέ μιά ἐλαφριά κίνηση, μολονότι δέν περιεῖχε τίποτα πού θά μποροῦσε νά μασηθεῖ. Ἔνιωσα κάτι σάν σεβασμό μπροστά στήν ἀπόλαυσή του, πού μοῦ φάνηκε πιό ἐντυπωσιακή ἀπό ὁτιδήποτε εἶχα δεῖ ὥς τότε σέ ἀνθρώπινο στόμα. Ἡ τύφλωσή του δέν μέ γέμιζε οἶκτο. Ἔδειχνε συγκεντρωμένος καί εὐχαριστημένος. Οὔτε μία φορά δέν διέκοψε γιά νά ζητήσει, ὅπως ἔκαναν ὅλοι οἱ ἄλλοι. Ἴσως νά εἶχε ὅ,τι τοῦ χρειαζόταν. Ἴσως δέν χρειαζόταν τίποτε ἄλλο.

Ὅταν τελείωσε, ἔγλειψε τά χείλη του καναδυό φορές, πρόβαλε τό δεξί μέ τά τεντωμένα δάχτυλα λίγο πιό μπροστά καί εἶπε μέ βραχνή φωνή τό ρητό τῆς ἐπίκλησής του. Πῆγα κάπως ντροπαλά κοντά του καί τοῦ ἀκούμπησα ἕνα νόμισμα τῶν εἴκοσι φράγκων στό χέρι. Τά δάχτυλα ἔμειναν ἀνοιχτά —πραγματικά δέν μποροῦσε νά τά κλείσει. Σήκωσε ἀργά τό χέρι καί τό ὁδήγησε στό στόμα του. Πίεσε τό νόμισμα πάνω στά φουσκωμένα χείλια καί τό ἐξαφάνισε μέσα στό στόμα. Μόλις τό νόμισμα μπῆκε, ὁ γέρος ἄρχισε πάλι νά μασάει. Τό νόμισμα πήγαινε πέρα-δῶθε μέσα στό στόμα καί μοῦ φαινόταν πώς μποροῦσα νά παρακολουθῶ τίς κινήσεις του —πότε δεξιά, πότε αριστερά. Ὁ γέρος μασοῦσε πάλι τόσο συστηματικά, ὅσο πρίν.

Θαύμαζα καί ἀποροῦσα. Ἀναρωτιόμουν μήπως ἔκανα λάθος. Ἴσως, στό μεταξύ, νά εἶχε ἐξαφανισθεῖ κάπου ἀλλοῦ τό νόμισμα, χωρίς νά τό προσέξω. Περίμενα πάλι. Ἀφοῦ μάσησε μέ τήν ἴδια ἀπόλαυση καί τελείωσε, ἔφερε τό νόμισμα ἀνάμεσα στά χείλη. Τό ἔφτυσε στό ἀριστερό χέρι —πού τό εἶχε σηκώσει. Πολύ σάλιο χύθηκε μαζί. Μετά ἐξαφάνισε τό νόμισμα σέ μιά τσάντα πού κρεμόταν ἀριστερά στό σῶμα του.

Προσπάθησα, τήν ἀηδία πού ἔνιωσα μπροστά σ' αὐτή τή διαδικασία, νά τήν διαλύσω μέσα στό ξενότροπό της. Τί ὑπάρχει πιό βρώμικο ἀπό τό χρῆμα! Ἀλλά, αὐτός ὁ γέροντας δέν εἶναι ἐγώ κι αὐτό πού ἀηδιάζει ἐμένα, ἦταν γι' αὐτόν ἀπόλαυση —ἄλλωστε, δέν εἶχα δεῖ ἀρκετές φορές ἀνθρώπους νά φιλᾶνε νομίσματα; Τό πολύ σάλιο, σίγουρα, εἶχε ἐδῶ κάποιον ἰδιαίτερο σκοπό καί ἦταν φανερό πώς αὐτό πού τόν ξεχώριζε ἀπό τούς ἄλλους ζητιάνους ἦταν ἡ πλούσια παραγωγή σάλιου. Εἶχε ἐξασκηθεῖ σ' αὐτό γιά καιρό, πρίν νά ζητήσει μιά ἐλεημοσύνη. Ὅ,τι κι ἄν εἶχε γευθεῖ πρωτύτερα —κανείς ἄλλος δέν θά χρειαζόταν τόσο χρόνο. Στίς κινήσεις τοῦ στόματός του ὑπῆρχε κάποιο νόημα.

Ἤ μήπως ἔβαλε μόνο τό δικό μου νόμισμα στό στόμα; Μήπως ἔνιωσε πάνω στήν παλάμη του πώς ἦταν μεγαλύτερο ἀπ' αὐτά πού ἔπαιρνε συνήθως καί θέλησε ἔτσι νά μέ εὐχαριστήσει ἰδιαίτερα; Περίμενα τί θά γίνει παρακάτω —καί δέν μοῦ ἔπεφτε δύσκολο νά περιμένω. Ἤμουν ἀναστατωμένος καί γοητευμένος καί σίγουρα δέν θά μποροῦσα νά κοιτάξω ἄλλο πράγμα ἀπό τόν γέροντα. Ξαναεῖπε μερικές φορές τό ρητό του. Ἕνας Ἄραβας πέρασε καί τοῦ ἔβαλε ἕνα νόμισμα τῶν πέντε φράγκων στό χέρι. Τό πῆγε, χωρίς δισταγμό, στό στόμα, τό ἔβαλε μέσα καί ἄρχισε νά μασάει ἀκριβῶς ὅπως πρίν. Ἴσως αὐτή τή φορά νά μή μάσησε τόση ὥρα. Ἔφτυσε τό νόμισμα, πάλι, μέ πολύ σάλιο καί τό ἄφησε νά χαθεῖ μέσα στήν τσάντα. Δέχτηκε καί ἄλλα νομίσματα, ἀνάμεσά τους καί πολύ μικρά. Ἡ ἴδια διαδικασία ξανάγινε μερικές φορές. Γινόμουν ὅλο καί πιό ἀμήχανος. Ὅσο περισσότερο παρατηροῦσα, τόσο λιγότερο καταλάβαινα γιατί τό ἔκανε. Ἕνα μόνον ἦταν ἀναμφίβολο: τό ἔκανε πάντα, ἦταν ἡ μέθοδός του, ὁ ἰδιαίτερος τρόπος του νά ζητιανεύει —καί οἱ ἄνθρωποι πού τοῦ ἔδιναν, περίμεναν ἀπό αὐτόν τή συμμετοχή τοῦ στόματός του· πού μοῦ φαινόταν —κάθε φορά πού τό ἄνοιγε— ὅλο καί πιό κόκκινο.

Δέν πρόσεξα πώς μέ παρατηροῦσαν κι ἐμένα καί θά πρέπει νά ἔδινα γελοία ἐντύπωση. Ἴσως, ποιός ξέρει, νά ἀποροῦσα μέ ὀρθάνοιχτο στόμα. Γιατί ξαφνικά, πρόβαλε ἕνας ἄντρας πίσω ἀπό τά πορτοκάλια του, ἔκανε δύο βήματα πρός τό μέρος μου καί εἶπε καθησυχαστικά: «Εἶναι ἕνας Μαραμπού». Ἤξερα πώς οἱ Μαραμπού εἶναι ἅγιοι ἄνθρωποι καί πώς τούς ἀπέδιδαν ἰδιαίτερες δυνάμεις. Ἡ λέξη μ' ἔκανε νά αἰσθανθῶ δέος καί ἔνιωσα πώς ἡ ἀηδία μου ἔγινε ἀμέσως μικρότερη. Ρώτησα ντροπαλά:

«Μά γιατί βάζει τό νόμισμα στό στόμα του;»

«Αὐτό τό κάνει πάντα», εἶπε ὁ ἄνθρωπος, σάν νά ἦταν τό πιό συνηθισμένο πράγμα στόν κόσμο.

Μ' ἄφησε καί στήθηκε πάλι πίσω ἀπό τά πορτοκάλια του. Τώρα παρατήρησα πώς πίσω ἀπό κάθε παράγκα, δύο ἤ τρία ζευγάρια μάτια ἦταν γυρισμένα ἐπάνω μου. Τό παράξενο πλάσμα ἤμουν ἐγώ, πού τόση ὥρα δέν καταλάβαινα.

Ἔνιωσα σάν νά μ' ἀποχαιρέτησαν μ' αὐτή τήν πληροφορία καί δέν ἔμεινα περισσότερο. Εἶπα μέσα μου: «ὁ Μαραμπού εἶναι ἅγιος ἄνθρωπος καί σ' αὐτόν τόν ἅγιο ἄνθρωπο ὅλα εἶναι ἱερά, ἀκόμα καί τό σάλιο του. Μέ τό νά φέρνει τά νομίσματα πού τοῦ δίνουν σ' ἐπαφή μέ τό σάλιο του, χαρίζει στούς ἐλεήμονες μιά ξεχωριστή εὐλογία καί ἀνεβάζει τίς ἀπολαβές πού κερδίζουν στόν οὐρανό, ὅποτε κάνουν ἐλεημοσύνες». Αὐτός εἶχε σίγουρο τόν παράδεισο καί εἶχε νά δώσει κάτι πολύ πιό ἀναγκαῖο στούς ἄλλους —ἀπό ὅ,τι τά νομίσματά τους γι' αὐτόν. Κατανόησα τώρα τήν εὐφροσύνη πού εἶδα στό τυφλό πρόσωπό του —αὐτή πού τόν ξεχώριζε ἀπό ὅσους ζητιάνους εἶχα δεῖ ὥς τώρα.

Ἔφυγα καί τόν εἶχα τόσο στό νοῦ μου, πού μίλησα σ' ὅλους τούς φίλους μου γι' αὐτόν. Κανείς δέν τόν εἶχε προσέξει ὥς τότε καί ἔνιωσα πώς εἶχαν ἀμφιβολίες γιά τήν ἀλήθεια τῶν λόγων μου. Τήν ἄλλη μέρα ξαναπῆγα στόν ἴδιο τόπο, ἀλλά δέν ἦταν ἐκεῖ. Ἔψαξα παντοῦ· δέν βρισκόταν πουθενά. Ἔψαχνα κάθε μέρα· δέν ξαναγύρισε. Ἴσως ζοῦσε μονάχος κάπου στά βουνά καί ἐρχόταν σπάνια στήν πόλη. Μποροῦσα νά ρωτήσω τούς πωλητές πορτοκαλιῶν γι' αὐτόν, ἀλλά τούς ντρεπόμουν. Δέν σήμαινε γι' αὐτούς τό ἴδιο, ὅπως γιά μένα —καί ἐνῶ δέν ἔνιωθα καμία συστολή νά μιλήσω γι' αὐτόν σέ φίλους, πού δέν τόν εἶχαν δεῖ ποτέ, προσπαθοῦσα νά τόν κρατήσω σέ ἀπόσταση ἀπό αὐτούς πού τόν ἤξεραν καλά, γιά τούς ὁποίους ἠταν οἰκεῖος καί φυσιολογικός. Δέν γνώριζε τίποτα γιά μένα καί ἴσως νά τοῦ εἶχαν μιλήσει γιά τήν παρουσία μου.

Τόν ξαναεῖδα μία φορά, ἀκριβῶς μετά μία βδομάδα, πάλι Σάββατο βράδυ. Στεκόταν μπροστά στήν ἴδια παράγκα, ἀλλά δέν εἶχε τίποτα στό στόμα, οὔτε μασοῦσε. Εἶπε τό ρητό του. Τοῦ ἔδωσα ἕνα νόμισμα καί περίμενα νά δῶ τί θά τό κάνει. Ἀμέσως ἄρχισε πάλι νά τό μασάει, ἀλλά, ἐνῶ ἦταν ἀκόμα ἀπασχολημένος, ἦρθε ἕνας ἄντρας κοντά μου καί εἶπε τήν ἀνοησία του:

«Αὐτός εἶναι Μαραμπού. Εἶναι τυφλός. Βάζει τό νόμισμα στό στόμα, γιά νά νιώσει πόσα τοῦ δώσατε.»

Μετά μίλησε ἀραβικά στόν Μαραμπού, δείχνοντάς με. Ὁ γέροντας εἶχε τελειώσει τό μάσημα, εἶχε φτύσει πάλι τό νόμισμα. Γύρισε πρός τό μέρος μου καί τό πρόσωπό του ἔλαμπε. Ἀπάγγειλε ἕνα ρητό εὐλογίας γιά μένα καί τό ἐπανέλαβε ἕξι φορές. Ἡ γλύκα καί ἡ ζεστασιά πού πέρασαν μέσα μου ἀπό τά λόγια του ἦταν τέτοιες, πού ποτέ μου δέν ἔχω δεχθεῖ ἀπό ἄνθρωπο.

Γαλήνη στό σπίτι — κι ἄδειες στέγες

Γιά νά ἐξοικειωθεῖ κανείς μέ μιά ἀλλόκοτη πόλη, χρειάζεται ἕναν ἀποκλεισμένο χῶρο, στόν ὁποῖο νά ἔχει κάποιο δικαίωμα —καί ὅπου νά μπορεῖ νά μένει μόνος, ὅταν ἡ σύγχυση τῶν νέων, ἀκατάληπτων φωνῶν παραγίνει μεγάλη. Αὐτός ὁ χῶρος πρέπει νά εἶναι ἥσυχος, κανείς δέν πρέπει νά σέ βλέπει ὅταν καταφεύγεις ἐκεῖ, κανείς, ὅταν πάλι τόν ἐγκαταλείπεις. Τό καλύτερο εἶναι νά χάνεσαι μέσα σ' ἕνα ἀδιέξοδο, νά στέκεσαι μπροστά σέ μία πύλη, τῆς ὁποίας τό κλειδί ἔχεις στήν τσέπη, καί νά ξεκλειδώνεις χωρίς νά σέ ἀκούσει ψυχή.

Μπαίνεις στή δροσιά τοῦ σπιτιοῦ καί κλείνεις τήν πόρτα πίσω σου. Εἶναι σκοτάδι καί γιά ἕνα λεπτό δέν βλέπεις τίποτα. Εἶσαι σάν ἕνας ἀπό τούς τυφλούς στίς πλατεῖες καί στούς δρόμους πού ἔχεις ἀφήσει. Σύντομα, ξανακερδίζεις τό φῶς τῶν ματιῶν σου. Βλέπεις τά πέτρινα σκαλοπάτια πού ὁδηγοῦν στό ἀνώγειο καί, ἐπάνω, συναντᾶς μία γάτα. Συμβολίζει τήν σιγή πού εἶχες νοσταλγήσει.

Εἶσαι εὐγνώμων πού εἶναι ζωντανή —ἔτσι φαίνεται πώς μπορεῖ κανείς καί σιωπηλά νά ζήσει. Τρέφεται, χωρίς νά πρέπει χίλιες φορές τή μέρα νά φωνάζει «Ἀλλάχ!». Δέν εἶναι ἀνάπηρη, οὔτε ἔχει ἀνάγκη νά ὑποταχθεῖ σέ μιά φριχτή μοίρα. Μπορεῖ νά εἶναι σκληρή, ἀλλά δέν τό λέει.

Περπατᾶς πάνω-κάτω καί ἀναπνέεις τήν σιγή. Ποῦ ἔμεινε ἡ ἀφόρητη φασαρία; Τό ὀξύτατο φῶς καί οἱ ὀξύτατοι ἦχοι; Τά ἑκατό καί μύρια πρόσωπα; Σ' αὐτά τά σπίτια λίγα παράθυρα βλέπουν στό δρόμο —συχνά καί κανένα. Ὅλα ἀνοίγουν πρός τήν αὐλή καί αὐτή ἀνοίγεται στόν οὐρανό. Μόνο μέσα ἀπό τήν αὐλή βρίσκεσαι σέ μιά ἤπια καί ἰσόρροπη σύνδεση μέ τό περιβάλλον.

Μπορεῖς, ὅμως, ν' ἀνέβεις καί στίς στέγες καί νά δεῖς μεμιᾶς ὅλες τίς ταράτσες τῆς πόλης. Εἶναι μιά ἐπίπεδη ἐντύπωση —ὅλες χτισμένες σάν ἁπλόχωρα σκαλοπάτια. Πιστεύεις πώς θά μποροῦσες νά περπατήσεις πάνω ἀπ' ὅλη τήν πόλη. Τά σοκάκια δέν φαίνονται σάν ἐμπόδια — δέν τά βλέπεις, ξεχνᾶς πώς ὑπάρχουν σοκάκια. Τά βουνά τοῦ Ἄτλαντα γυαλίζουν κοντά καί θά μποροῦσες νά τά πάρεις γιά τήν ὀροσειρά τῶν Ἄλπεων, ἄν δέν ἦταν τό φῶς ἐπάνω τους τόσο ἀστραφτερό κι ἄν δέν ὑπῆρχαν τόσοι φοίνικες ἀνάμεσα σ' αὐτά καί τήν πόλη.

Οἱ μιναρέδες, πού ὑψώνονται ἐδῶ κι ἐκεῖ, δέν εἶναι σάν τούς πύργους τῶν ἐκκλησιῶν. Εἶναι κομψοί, μά ὄχι μυτεροί, τό πάχος τους ἐπάνω εἶναι τό ἴδιο μέ κάτω καί τελικός σκοπός εἶναι ὁ ἐξώστης, ψηλά, ἀπό ὅπου καλοῦν γιά τήν προσευχή. Πιό πολύ μοιάζουν μέ φάρους, πού τούς κατοικεῖ μία φωνή.

Πάνω ἀπό τίς ταράτσες τῶν σπιτιῶν ἀσκεῖται ἕνας

λαός χελιδόνια. Εἶναι σάν δεύτερη πόλη, μόνο πού σ' αὐτήν ὅλα εἶναι τόσο βιαστικά, ὅσο ράθυμα εἶναι στά σοκάκια τῶν ἀνθρώπων. Ποτέ δέν ξεκουράζονται αὐτά τά χελιδόνια —ἀναρωτιέσαι κι ἄν κοιμοῦνται ποτέ—, τούς λείπει ἡ τεμπελιά, τό μέτρο, ἡ ἀξιοπρέπεια. Ἁρπάζουν πετώντας, οἱ ἄδειες ταράτσες μπορεῖ νά τούς φαίνονται σάν κατακτημένη γῆ.

Γιατί κανείς δέν ἐμφανίζεται στίς ταράτσες. Ἐδῶ, σκεπτόμουν, θά δῶ γυναῖκες σάν σέ παραμύθια, ἀπό ἐδῶ θά κοιτάξω στίς αὐλές τῶν γειτονικῶν σπιτιῶν καί θά ἀφουγκραστῶ τίς κινήσεις τους. Ὅταν ἀνέβηκα γιά πρώτη φορά στήν ταράτσα πού ἀνῆκε στό σπίτι τοῦ φίλου μου, ἤμουν γεμάτος προσδοκία. Κι ὅσο κοιτοῦσα μακριά, πρός τά βουνά, ὁ φίλος μου ἦταν εὐτυχής κι ἔνιωθα τήν ὑπερηφάνεια του, πού μποροῦσε νά μοῦ δείξει κάτι τόσο ὡραῖο. Ἀλλά ἔγινε ἀνήσυχος, ὅταν κουράστηκα ἀπό τά μακρινά καί ξύπνησε ἡ περιέργειά μου γιά τά κοντινά. Μέ συνέλαβε νά ρίχνω ματιές στήν αὐλή τοῦ γειτονικοῦ σπιτιοῦ, ἀπό ὅπου μέ χαρά ἄκουγα γυναικείους ἰσπανικούς φθόγγους.

«Αὐτό δέν γίνεται ἐδῶ», εἶπε. «Δέν ἐπιτρέπεται. Μέ ἔχουν συχνά προειδοποιήσει. Θεωρεῖται ἀγένεια νά ἀσχολεῖται κανείς μέ τά ὅσα συμβαίνουν στό διπλανό σπίτι. Θεωρεῖται ἀνήθικο. Γενικά, δέν πρέπει κανείς νά φαίνεται πάνω στίς στέγες —ἰδιαίτερα ἕνας ἄντρας. Γιατί, μερικές φορές, ἀνεβαίνουν οἱ γυναῖκες στίς ταράτσες καί θέλουν νά νιώθουν ἀνενόχλητες.»

«Μά δέν ὑπάρχουν γυναῖκες.»

«Ἴσως μᾶς εἶδαν», εἶπε. «Βγάζει κανείς κακό ὄνομα. Οὔτε ἀπευθύνεις τόν λόγο, στό δρόμο, σέ μαντιλοδεμένη γυναίκα.»

«Κι ἄν θέλω νά ρωτήσω γιά τό δρόμο;»

«Τότε πρέπει νά περιμένεις νά συναντήσεις ἕναν ἄντρα.»

«Ἄς ποῦμε τότε ὅτι κάθεσαι στήν δική σου ταράτσα. Ἄν δεῖς κάποιον στήν γειτονική, δέ φταῖς ἐσύ!»

«Τότε πρέπει νά κοιτάξω ἀλλοῦ. Πρέπει νά ἀφήσω νά φανεῖ πόσο δέν ἐνδιαφέρομαι.» Πίσω μας μόλις φάνηκε μιά γυναίκα. Εἶναι μιά γριά ὑπηρέτρια. Δέν ἔχει ἰδέα πώς τήν εἶδα. Ἀλλά, κιόλας, ἐξαφανίστηκε.

Δέν πρόλαβα οὔτε νά γυρίσω.

«Μ' ἄλλα λόγια, εἶσαι λιγότερο ἐλεύθερος στίς ταράτσες ἀπό ὅ,τι στό δρόμο.»

«Σίγουρα», εἶπε. «Δέν θέλεις νά βγάλεις κακό ὄνομα στήν γειτονιά.»

Κοίταξα τά περιστέρια καί τά ζήλεψα, πόσο ἀμέριμνα ξεπετάγονταν πάνω ἀπό τρεῖς, πέντε, δέκα στέγες.

Ἡ γυναίκα στό καφασωτό

Πέρασα μιά μικρή δημόσια βρύση, ὅπου ἔπινε ἕνας μικρόσωμος νεαρός. Ἔστριψα ἀριστερά καί ἄκουσα ἀπό ψηλά μιά σιγαλή, ἁπαλή, τρυφερή φωνή. Κοίταξα πρός τά πάνω, σέ ἕνα σπίτι ἀπέναντί μου, καί εἶδα στό ὕψος τοῦ πρώτου πατώματος, πίσω ἀπό ἕνα πλεχτό καφασωτό, τό πρόσωπο μιᾶς νέας γυναίκας. Ἦταν ἀκάλυπτη καί μελαμψή καί κρατοῦσε τό πρόσωπό της πολύ κοντά στό καφασωτό. Ἔλεγε πολλές φράσεις σέ ἐλαφριά ροή καί ὅλες αὐτές οἱ φράσεις ἦταν γεμάτες γλυκόλογα. Μοῦ ἦταν ἀδιανόητο πῶς δέ φοροῦσε γιασμάκι. Κρατοῦσε τό κεφάλι λίγο σκυφτό κι ἔνιωθα πώς μιλοῦσε σέ μένα. Δέν σήκωνε ποτέ τή φωνή της, ἔμενε ὁμοιόμορφα χαμηλόφωνη· ὑπῆρχε σ' αὐτήν τόση τρυφερότητα, σάν νά κρατοῦσε τό κεφάλι μου στά χέρια της. Χέρια ὅμως δέν εἶδα, δέν ἔδειχνε τίποτε ἄλλο ἀπό τό πρόσωπο· ἴσως τά χέρια νά ἦταν κάπου δεμένα. Ὁ χῶρος ὅπου στεκόταν ἦταν σκοτεινός, στό δρόμο ὅπου στεκόμουν ἐγώ ἔλαμπε ἐκθαμβωτικός ὁ ἥλιος. Τά λόγια της ἔρχονταν σάν ἀπό πηγή καί ξεχείλιζαν τό ἕνα μέσα ἀπό τό ἄλλο —δέν εἶχα ποτέ ἀκούσει γλυκόλογα σ' αὐτή τή γλώσσα, ἀλλά τό ἔνιωθα πώς ἦταν.

Ἤθελα νά πλησιάσω, γιά νά δῶ τήν πύλη τοῦ σπιτιοῦ ἀπό ὅπου ἐρχόταν ἡ φωνή, ἀλλά φοβόμουν πώς μία κίνησή μου θά τήν ἔδιωχνε μακριά —σάν πουλί. Τί θά ἔκανα τότε, ἄν βουβαινόταν; Δοκίμασα νά γίνω τρυφερός καί σιγαλός σάν τήν ἴδια τή φωνή καί βάδισα ὅπως δέν εἶχα περπατήσει ποτέ. Κατόρθωσα νά μή τήν τρομάξω. Ἄκουγα τή φωνή, ἀκόμα κι ὅταν ἦρθα πολύ κοντά στό σπίτι καί δέν μποροῦσα πιά νά δῶ τό κεφάλι στό καφασωτό. Τό μικρό κτίριο ἔμοιαζε μέ ἐρειπωμένο πύργο. Ἔβλεπες ἕνα κενό στόν τοῖχο, ὅπου εἶχαν πέσει οἱ πέτρες. Ἡ πύλη, χωρίς στολίδια, φτιαγμένη ἀπό φτωχές τάβλες, ἦταν σιγουρεμένη μέ σύρμα κι ἔμοιαζε νά μήν ἄνοιγε συχνά. Δέν σέ τράβαγε αὐτό τό σπίτι, δέν μποροῦσες νά μπεῖς. Μέσα ἦταν σκοτεινό καί σίγουρα ἐρειπωμένο. Στή γωνιά του ἀνοιγόταν ἕνα ἀδιέξοδο δρομάκι, ἀλλά ἦταν νεκρό καί ἔρημο καί δέν ἔβλεπα ἄνθρωπο πού θά μποροῦσα νά τόν ρωτήσω. Καί σ' αὐτό τό ἀδιέξοδο μέσα, δέν ἔχασα τό ἀνάβρυσμα τῆς φωνῆς· ἀκουγόταν πίσω ἀπό τή γωνιά σάν μακρινό κελάρυσμα. Ἔκανα πίσω, στήθηκα πάλι σέ κάποια ἀπόσταση ἀπό τό σπίτι καί ἀνάβλεψα: ἐκεῖ ἦταν τό ἐλλειπτικό πρόσωπο, πολύ κοντά στό καφασωτό, καί τά χείλια πού σχημάτιζαν τίς τρυφερές λέξεις.

Μοῦ φάνηκε πώς τώρα ἀντηχοῦσαν κάπως ἀλλιῶς, μιά ἀκαθόριστη παράκληση ἀκουγόταν μέσα τους, σάν νά ἔλεγαν: μή φύγεις. Ἴσως νόμισε πώς εἶχα φύγει γιά πάντα, ὅταν ἐξαφανίστηκα γιά νά ἐξετάσω σπίτι καί πύλη. Τώρα ἤμουν πάλι ἐκεῖ καί ὄφειλα νά μείνω. Πῶς νά περιγράψω τήν ἐπίδραση ἑνός γυμνοῦ γυναικείου προσώπου, πού κοιτάει ἀπό τό ὕψος ἑνός παραθύρου, σ' αὐτή τήν πόλη, σ' αὐτά τά δρομάκια! Λίγα παράθυρα βλέπουν στό δρόμο καί ποτέ δέν κοιτάει κανείς ψηλά πρός αὐτά. Τά σπίτια εἶναι σάν τεῖχος καί ἔχεις συχνά, γιά ὧρες, τό συναίσθημα πώς περπατᾶς ἀνάμεσα σέ τείχη, παρ' ὅλο πού ξέρεις πώς εἶναι σπίτια. Βλέπεις πόρτες καί ἀραιά, ἄδεια παράθυρα. Μέ τίς γυναῖκες τό ἴδιο — σάν ἄμορφοι σάκοι περπατᾶνε στούς δρόμους, δέν γνωρίζεις, δέν διαισθάνεσαι τίποτα γι' αὐτές καί σύντομα κουράζεσαι ἀπό τήν προσπάθεια νά δημιουργήσεις κάποια παράστασή τους. Παραιτεῖσαι ἀπό τίς γυναῖκες. Ἀλλά δέν παραιτεῖσαι μέ τήν καρδιά σου· καί μία, πού τώρα φαίνεται σ' ἕνα παράθυρο, πού μάλιστα σοῦ μιλάει, πού γέρνει ἐλαφρά τό κεφάλι καί δέν φεύγει ποτέ, σάν πάντα νά σέ περίμενε ἐδῶ, καί πού μιλάει ἀκόμα κι ὅταν τῆς γυρίζεις τήν πλάτη καί φεύγεις σιγανά, πού θά μιλάει, εἴτε εἶσαι ἐκεῖ - εἴτε ὄχι, καί πάντα σέ σένα, πάντα στόν καθένα θά μιλάει, μιά τέτοια γυναίκα εἶναι ἕνα θαῦμα, μιά ὀπτασία, καί τείνεις νά τήν θεωρήσεις πιό σημαντική ἀπό ὅ,τι ἄλλο μπορεῖς νά δεῖς σ' αὐτή τήν πόλη.

Θά στεκόμουν πολύ περισσότερο ἐδῶ, ἀλλά δέν ἦταν καί ἔρημη ἡ συνοικία. Καλυμμένες γυναῖκες ἔρχονταν πρός ἐμένα, ὅμως δέν καθυστεροῦσαν καθόλου μέ τή συντρόφισσά τους στό καφασωτό. Περνοῦσαν μπροστά ἀπό τό πυργωτό σπίτι, σάν νά μή μιλοῦσε κανείς. Δέν σταματοῦσαν, δέν κοιτοῦσαν ψηλά. Μέ ἀνάλλακτο βῆμα πλησίαζαν τό σπίτι καί έστριβαν, ἀκριβῶς κάτω ἀπό τό παράθυρο τῆς φωνῆς, στό δρομάκι ὅπου στεκόμουν. Ὅμως, διαισθανόμουν πώς μοῦ ἔριχναν ἐπιτιμητικές ματιές. Τί ἔκανα ἐκεῖ; Γιατί στεκόμουν; Γιατί κοίταζα ψηλά;

Μιά ὁμάδα σκολιαρόπαιδα πέρασε. Ἔπαιζαν, ἀστειεύονταν στό δρόμο τους καί συμπεριφέρονταν σάν νά μήν ἄκουγαν τούς ἤχους ἀπό ψηλά. Μέ παρατηροῦσαν. Τούς ἤμουν λιγότερο οἰκεῖος ἀπό τήν ἀκάλυπτη γυναίκα. Ντρεπόμουν κάπως, ἐπειδή στεκόμουν καί κοίταζα. Ἔνιωθα ὅμως πώς, ἄν ἔφευγα, θά ἀπογοήτευα τό πρόσωπο στό καφασωτό. Οἱ λέξεις ἐξακολουθοῦσαν νά τρέχουν σά ρυάκι ἀπό κελαηδήματα. Ἀνάμεσά τους, ὡστόσο, ἀντηχοῦσαν οἱ ὀξύτατες φωνές τῶν παιδιῶν, πού ἀπομακρύνονταν, πολύ σιγά, κουβαλώντας τίς σάκες τους: ἔρχονταν ἀπό τό σχολεῖο, προσπαθοῦσαν νά μακρύνουν τό δρόμο γιά τό σπίτι καί ἐφεύρισκαν μικρά παιχνίδια, πού εἶχαν σάν κανόνα νά τρεχοπηδᾶνε, πότε μπρός καί πότε πίσω, στό σοκάκι. Ἔτσι, προχωροῦσαν μέ ρυθμό σαλίγκαρου καί μοῦ ἔκαναν τό ἄκουσμα βασανιστήριο.

Μιά γυναίκα, μέ ἕνα πολύ μικρό παιδί στό πλευρό της, στάθηκε δίπλα μου. Πρέπει νά μέ εἶχε πλησιάσει ἀπό πίσω, δέν τήν πρόσεξα. Ἔμεινε λίγο· μοῦ ἔριξε μία θυμωμένη ματιά· κάτω ἀπό τά πέπλα ἀναγνώρισα τά χαρακτηριστικά μιᾶς γριᾶς γυναίκας. Ἅρπαξε τό παιδί, σάν νά τό ἀπειλοῦσε ἡ παρουσία μου καί, χωρίς νά μοῦ πεῖ λέξη, ἔσυρε τά βήματά της παρακάτω. Αἰσθάνθηκα ἄσχημα, ἄφησα τό στέκι μου καί τήν ἀκολούθησα σιγά-σιγά. Πέρασε μερικά σπίτια, κατεβαίνοντας τό σοκάκι, καί μετά ἔστριψε. Ὅταν ἔφτασα στή γωνιά ὅπου εἶχε χαθεῖ, εἶδα στό τέλος ἑνός ἀδιέξοδου τόν τροῦλο μιᾶς μικρῆς «Κούμπα». Ἔτσι ὀνομάζονται σ' αὐτή τή χώρα τά μνήματα τῶν ἁγίων, ὅπου πηγαίνουν προσκυνητές οἱ ἄνθρωποι μέ τίς ἐπιθυμίες τους. Ἡ γριά γυναίκα στεκόταν μπροστά στήν κλειστή πόρτα τῆς «Κούμπα» καί σήκωνε τό μικρό παιδάκι ψηλά. Τοῦ ἀκουμποῦσε τό στόμα σέ κάποιο ἀντικείμενο, πού δέν μποροῦσα νά δῶ ἀπό τή θέση μου. Ἐπανέλαβε αὐτή τήν κίνηση μερικές φορές, μετά ἄφησε τό παιδί κάτω, πῆρε τά χεράκια του στά δικά της καί γύρισε νά φύγει. Ὅταν ἔφτασε στή γωνιά τοῦ ἀδιέξοδου, ἔπρεπε πάλι νά περάσει ἀπό μπροστά μου, ἀλλά αὐτή τή φορά δέν μοῦ ἔριξε οὔτε κάν τή θυμωμένη ματιά. Γύρισε πίσω, ἐκεῖ ἀπό ὅπου εἴχαμε ἔρθει καί οἱ δύο.

Πλησίασα τήν «Κούμπα» καί εἶδα, στά μισά τῆς ξύλινης πόρτας, ἕναν κρίκο, γύρω ἀπό τόν ὁποῖο ἦσαν τυλιγμένα παλιά κουρέλια. Αὐτά ἦταν πού φιλοῦσε τό παιδί. Ὅλα εἶχαν γίνει μέ ἀπόλυτη ἡσυχία καί, στήν ταραχή μου, δέν εἶχα προσέξει πώς πίσω μου στέκονταν οἱ μαθητές καί μέ παρατηροῦσαν.

Ξαφνικά, ἄκουσα τό διάφανο γέλιο τους. Τρεῖς ἤ τέσσερις ἀπό αὐτούς πήδηξαν πρός τήν πόρτα τῆς «Κούμπα», πιάστηκαν ἀπό τόν κρίκο καί φίλησαν τά παλιά κουρέλια. Γελοῦσαν δυνατά καί ἐπαναλάμβαναν τήν διαδικασία ἀπ' ὅλες τίς πλευρές. Ὁ ἕνας κρεμόταν ἀριστερά ἀπό τόν κρίκο, ὁ ἄλλος δεξιά, καί τά σκαστά φιλιά τους ἀκολουθοῦσαν τό ἕνα τό ἄλλο. Γρήγορα τούς ἔδιωξαν ἄλλοι πίσω τους. Ὁ καθένας ἤθελε νά μοῦ δείξει πῶς γίνεται —ἴσως περίμεναν πώς θά τούς μιμηθῶ. Ἦταν καθαρά παιδιά, ὅλα καλοβαλμένα —σίγουρα θά τά έπλεναν πολλές φορές τή μέρα. Όμως, τά κουρέλια φαίνονταν τόσο βρώμικα, σάν νά εἶχαν σκουπίσει τόν δρόμο μ' αὐτά. Λογίζονταν σάν ράκη ἀπό τά ροῦχα τοῦ ἴδιου τοῦ ἅγιου καί γιά τούς πιστούς ὑπῆρχε μέσα τους κάτι ἀπό τήν ἁγιοσύνη του.

Ἀφοῦ τά παιδιά χόρτασαν νά φιλᾶνε, ἦρθαν κοντά μου καί μέ περικύκλωσαν. Ἕνα ἀπό αὐτά ξεχώριζε μέ τό ξύπνιο του πρόσωπο καί κατάλαβα πώς θά 'θελε νά μιλήσει μαζί μου. Τό ρώτησα γαλλικά ἄν ἤξερε νά διαβάζει. Ἀπάντησε, μέ πολύ καλό τρόπο: «Oui, Monsieur». Κρατοῦσα ἕνα βιβλίο παραμάσχαλα. Τό ἄνοιξα καί τοῦ τό πρότεινα. Διάβασε ἀργά, ἀλλά χωρίς λάθη, τίς γαλλικές φράσεις. Τό βιβλίο ἦταν ἕνα ἔργο γύρω ἀπό τά θρησκευτικά ἔθιμα τῶν Μαροκινῶν, καί τό χωρίο, ὅπου τό εἶχα ἀνοίξει, μιλοῦσε γιά τή λατρεία τῶν ἁγίων καί τίς «Κούμπα». Εἴτε ἦταν σύμπτωση, εἴτε ὄχι, μοῦ διάβαζε τώρα αὐτό πού μοῦ εἶχε ἐπιδείξει πρίν λίγο μέ τούς συντρόφους του. Ὡστόσο, δέν ἔδειξε νά τό καταλαβαίνει — ἴσως, πάνω στό ζῆλο τοῦ διαβάσματος, νά μήν ἔπιανε τό νόημα τῶν λέξεων. Τόν ἐπαίνεσα καί δέχθηκε τήν ἀναγνώριση μέ τήν ἀξιοπρέπεια ἑνός μεγάλου. Μοῦ ἄρεσε τόσο, πού, χωρίς νά τό θέλω, τόν συνέδεσα μέ τή γυναίκα στό καφασωτό. Ἔδειξα πρός τήν κατεύθυνση τοῦ ἐρειπωμένου σπιτιοῦ καί ρώτησα:

«Αὐτή τή γυναίκα, ἐκεῖ ψηλά, στό καφασωτό, τή γνωρίζεις;»

«Oui, Monsieur», εἶπε καί τό πρόσωπό του ἔγινε πολύ σοβαρό.

«Elle est malade?», ρώτησα ἀκόμα.

«Elle est trés malade, Monsieur.»

Τό «πολύ», πού ἐνίσχυσε τήν ἐρώτησή μου, ἤχησε σάν παράπονο, ἀλλά παράπονο γιά κάτι στό ὁποῖο ἦταν ἀπόλυτα ὑποταγμένος. Ἦταν, ἴσως, ἐννιά χρονῶ, ἀλλά φαινόταν τώρα σάν νά ζοῦσε ἤδη εἴκοσι χρόνια μέ μιά βαριά ἄρρωστη, ξέροντας καλά πῶς πρέπει νά φερθεῖ κανείς σέ τέτοια περίπτωση.

«Elle est malade dans sa tête, n'est-ce pas?»

«Oui, Monsieur, dans sa tête». Ἔγνεψε, ὅπως ἔλεγε «στό κεφάλι», καί ἔδειξε ὄχι τό δικό του κεφάλι, ἀλλά αὐτό ἑνός ἄλλου ἀγοριοῦ, ἰδιαίτερης ὀμορφιᾶς. Εἶχε ἕνα μακρύ, θαμπό πρόσωπο, μέ ἔντονα μαῦρα, πολύ λυπημένα μάτια. Κανένα ἀπό τά παιδιά δέν γέλασε. Στέκονταν σιωπηλά. Ἡ διάθεσή τους εἶχε ἀλλάξει στή στιγμή, μόλις ἄρχισα νά μιλάω γιά τή γυναίκα στό καφασωτό.

Ἐπίσκεψη στή Μέλλα

Τό τρίτο πρωί, μόλις ἔμεινα μόνος, βρῆκα τό δρόμο πρός τή Μέλλα. Ἔφτασα σέ μιά διασταύρωση, ὅπου στέκονταν πολλοί Ἑβραῖοι. Ἡ κυκλοφορία περνοῦσε σάν πλημμύρα δίπλα τους καί ἔστριβε τή γωνία. Εἶδα ἀνθρώπους νά περνᾶνε μέσα ἀπό ἕνα θόλο, πού ἔμοιαζε νά ἔχει ἐνσωματωθεῖ σέ ἕνα τεῖχος. Μέσα στό τεῖχος, κλεισμένη κι ἀπό τίς τέσσερις πλευρές ἀπ' αὐτό, βρισκόταν ἡ Μέλλα —ἡ ἑβραϊκή συνοικία.

Βρέθηκα σέ ἕνα μικρό ξέσκεπο παζάρι. Σέ χαμηλοτάβανα δωμάτια, κατάχαμα, σταυροπόδι, ἄντρες ἀνάμεσα στίς πραμάτιες τους· μερικοί, εὐρωπαϊκά ντυμένοι, ἦταν ὄρθιοι ἤ καθιστοί. Οἱ περισσότεροι φοροῦσαν στό κεφάλι τά μαῦρα σκουφάκια, μέ τά ὁποῖα ξεχωρίζουν ἐδῶ οἱ Ἑβραῖοι, καί πάρα πολλοί εἶχαν γενειάδες. Στό πρῶτο μαγαζί πού συνάντησα, πουλοῦσαν ὑφάσματα. Ἕνας μετροῦσε μέ τόν πήχη μετάξι. Ἕνας ἄλλος δούλευε, σκεπτικός καί βιαστικός μέ τό μολύβι —καί λογάριαζε. Ἀκόμα καί τά πλούσια ἐφοδιασμένα μαγαζιά φαίνονταν πολύ μικρά. Πολλά εἶχαν ἐπισκέπτες. Σέ ἕνα ἀπό τά δωμάτια κείτονταν ἀτημέλητα δύο πολύ χοντροί ἄντρες, κοντά σέ ἕναν τρίτο, ἀδύνατο —πού ἦταν ὁ ἰδιοκτήτης— καί εἶχαν μαζί του μιά ζωηρή, ἀλλά ἀξιοπρεπή, συζήτηση.

Περνοῦσα ὅσο γινόταν πιό σιγά καί παρατηροῦσα τά πρόσωπα. Ἡ ἀνομοιότητά τους ἦταν ἐκπληκτική. Ὑπῆρχαν πρόσωπα πού, ντυμένα μέ ἄλλα ροῦχα, θά τά θεωροῦσα Ἄραβες. Ὑπῆρχαν φωτεινοί γερο-εβραῖοι τοῦ Ρέμπραντ. Ὑπῆρχαν καθολικοί ἱερεῖς ὅλο πονηρή σιωπή καί ταπείνωση. Ὑπῆρχαν Περιπλανώμενοι Ἰουδαῖοι, μέ τήν ἀνησυχία γραμμένη σ' ὅλη τους τή μορφή. Ὑπῆρχαν Γάλλοι. Ὑπῆρχαν Ἰσπανοί. Ὑπῆρχαν κοκκινομάλληδες Ρῶσοι. Ἕνας, πού θά ἤθελες νά τόν χαιρετίσεις σάν πατριάρχη Ἀβραάμ, μιλοῦσε ὑποτιμητικά στόν Ναπολέοντα, ἐνῶ ἕνας ἐξημμένος ἐξυπνάκιας, πού ἔμοιαζε στόν Γκαῖμπελς, ἀνακατευόταν στήν κουβέντα. Σκέφτηκα τήν μετεμψύχωση. Ἴσως, εἶπα μέσα μου, πρέπει ἡ ψυχή κάθε ἀνθρώπου νά γίνει μία φορά Ἑβραῖος —καί νά, τώρα εἶναι ὅλες ἐδῶ: καμία δέ θυμᾶται τί ἦταν πρίν, ἀκόμα καί ὅταν τούς προδίνουν τά χαρακτηριστικά τους, τόσο πού ἐγώ, ἕνας ξένος, νά τά ἀναγνωρίζω —ὁ καθένας ἀπό αὐτούς τούς ἀνθρώπους πιστεύει βαθύτατα πώς κατάγεται κατευθείαν ἀπό τόν κόσμο τῆς Βίβλου.

Ὡστόσο, εἶχαν κάτι πού ἦταν κοινό σέ ὅλους καί, μόλις συνήθισα τήν ποικιλία τῶν προσώπων καί τῶν ἐκφράσεων, προσπάθησα νά βρῶ τί ἦταν αὐτό τό κοινό. Εἶχαν ἕνα γρήγορο τρόπο νά σηκώνουν τό βλέμμα καί νά σχηματίζουν κρίση γι' αὐτόν πού περνάει. Οὔτε *μία* φορά δέν συνέβη νά περάσω ἀπαρατήρητος. Ὅταν στεκόμουν, μπορεῖ νά μέ μυρίζονταν γιά ἀγοραστή καί γι' αὐτό νά μέ ἐξέταζαν. Ὅμως τίς πιό πολλές φορές, ἔνιωθα τήν γρήγορη, ἔξυπνη ματιά, πολύ πρίν σταματήσω, καί τήν ἔνιωθα ἀκόμα κι ὅταν περπατοῦσα ἀπό τήν ἄλλη μεριά τοῦ δρόμου. Ἀκόμα καί στούς ἐλάχιστους ἀνάμεσά τους, πού ξάπλωναν τεμπέληδες σάν Ἄραβες, τό βλέμμα δέν ἦταν ποτέ τεμπέλικο: ἐρχόταν, σίγουρος πληροφοριοδότης, καί ξαναγύριζε ἀμέσως. Ὑπῆρχαν ἀνάμεσά τους βλέμματα ἐχθρικά, ψυχρά, ἀδιάφορα, ἀρνητικά καί ἀπείρως σοφά. Κουτό, ὅμως, δέν ἦταν κανένα. Ἦταν τά βλέμματα ἀνθρώπων πού βρίσκονταν πάντα στό πόδι, ἀλλά πού δέν ἤθελαν νά προκαλέσουν τήν ἐχθρότητα, τήν ὁποία περίμεναν. Οὔτε ἴχνος πρόκλησης —καί ἕνας φόβος πού κρυβόταν μέ πολλή περίσκεψη.

Θά 'λεγε κανείς, πώς ἡ ἀξιοπρέπεια αὐτῶν τῶν ἀνθρώπων περιέχεται στήν περίσκεψή τους. Τό μαγαζί εἶναι ἀνοιχτό μόνο ἀπό τή μία πλευρά καί δέν χρειάζεται νά νοιάζονται τί γίνεται πίσω τους. Οἱ ἴδιοι ἄνθρωποι, στό δρόμο, νιώθουν λιγότερο σίγουροι. Παρατήρησα, σύντομα, πώς οἱ «Περιπλανώμενοι Ἰουδαῖοι» ἀνάμεσά τους, αὐτοί πού ἔδειχναν ἀνήσυχοι καί ἀναποφάσιστοι, ἦταν πάντα περαστικοί. Ἄνθρωποι πού κουβαλοῦσαν ὅλο τους τό ἐμπόρευμα μαζί τους καί προσπαθοῦσαν ν' ἀνοίξουν μ' αὐτό ἕνα δρόμο μέσα στό πλῆθος. Πού ποτέ δέν ἤξεραν ἄν δέν θά ὁρμήσει κάποιος, ἀπό πίσω, στή φτωχική τους περιουσία, ἤ ἀπό δεξιά ἤ ἀπό ἀριστερά ἤ ἀπό ὅλες τίς μεριές μαζί. Ὅποιος εἶχε μαγαζί δικό του, εἶχε κάτι τό σχεδόν ἐφησυχασμένο.

Μερικοί κάθονταν σταυροπόδι στό δρόμο καί εἶχαν ἁπλώσει ψιλοπράγματα γιά πούλημα. Συχνά ἦταν, τελείως θλιβεροί, μικροί σωροί ἀπό λαχανικά ἤ φροῦτα. Ἔμοιαζε σάν νά μήν εἶχαν οὐσιαστικά τίποτα νά πουλήσουν καί πιάνονταν μόνο ἀπό τήν χειρονομία τῆς ἐμπορίας. Φαίνονταν παραμελημένοι. Ὑπῆρχαν πολλοί ἀπό αὐτούς, καί δέν τό βρῆκα εὔκολο νά τούς συνηθίσω. Σύντομα ὅμως, τά πῆρα ὅλα ἀπόφαση —καί οὔτε ἀπόρησα ἰδιαίτερα, ὅταν εἶδα ἕναν γέρο ἀρρωστιάρη πού καθόταν στό χῶμα καί πρότεινε γιά πούλημα ἕνα μοναδικό ζαρωμένο λεμόνι.

Περπατοῦσα τώρα σ' ἕνα δρόμο πού, ἀπό τό παζάρι τῆς εἰσόδου, ὁδηγοῦσε βαθύτερα στή Μέλλα. Ἦταν πολυσύχναστος. Ἀνάμεσα στούς ἀμέτρητους ἄντρες, συναντοῦσα καί ἀραιές γυναῖκες ἀκάλυπτες. Μιά πανάρχαιη, ἄπειρα πολυκαιρισμένη γριά, σερνόταν ἐδῶ· ἔμοιαζε μέ τόν γηραιότερο ἄνθρωπο στή γῆ. Τά μάτια της ἦταν στυλωμένα κάπου μακριά, φαινόταν νά κοιτάει ἀκριβῶς ὅπου πήγαινε. Δέν ἀπέφευγε κανέναν. Ἐνῶ οἱ ἄλλοι ἑλίσσονταν γιά νά προχωροῦν, γύρω της ὑπῆρχε πάντα χῶρος. Πιστεύω πώς τήν φοβόνταν. Πήγαινε πολύ σιγά καί θά εἶχε ἀρκετό χρόνο, γιά νά καταραστεῖ ἕνα-ἕνα ὅλα τά πλάσματα. Ὁ φόβος πού σκορποῦσε πρέπει νά τῆς ἔδινε καί τήν δύναμη γιά τίς περιπλανήσεις της. Ὅταν, ἐπιτέλους, μέ προσπέρασε, γύρισα πίσω καί τήν κοίταζα. Ἔνιωσε τό βλέμμα μου, γιατί γύρισε, σιγά, ὅπως πήγαινε, πρός τό μέρος μου, καί μέ κάρφωσε μέ τό μάτι της. Τό 'βαλα στά πόδια· καί τόσο ἐνστικτώδης ἦταν ἡ ἀντίδρασή μου στό βλέμμα της, πού μόνο ἀργότερα κατάλαβα πόσο πιό γρήγορα περπατοῦσα.

Πέρασα μιά σειρά μπαρμπέρικα. Νέοι ἄντρες, κουρεῖς, στέκονταν ἀργόσχολοι μπροστά στήν πόρτα. Ἀπέναντι, κάτω στό χῶμα, ἕνας ἄντρας πουλοῦσε, μέσα ἀπό ἕνα καλάθι, ψητές ἀκρίδες. Σκέφθηκα τήν περίφημη Πληγή τοῦ Φαραώ καί ἀπόρησα πού καί οἱ Ἑβραῖοι τρῶνε ἀκρίδες. Σέ ἕνα, ἰδιαίτερα ψηλοτάβανο, δωμάτιο καθόταν ὀκλαδόν ἕνας ἄντρας, μέ τά χαρακτηριστικά καί τό χρῶμα ἑνός νέγρου. Φοροῦσε τό σκουφάκι τῶν Ἑβραίων καί πουλοῦσε κάρβουνα. Ἦταν στοιβαγμένα ψηλά γύρω του· ἔμοιαζε σάν νά ἐπρόκειτο νά τόν χτίσουν μέσα στά κάρβουνα καί περίμενε τούς μαστόρους πού θά ἔκαναν τή δουλειά. Ἦταν τόσο ἀκίνητος, πού στήν ἀρχή δέν τόν εἶδα —τελικά τόν πρόσεξα ἀπό τά μάτια του, πού ἔλαμπαν μέσα σ' ὅλο αὐτό τό κάρβουνο. Δίπλα του, ἕνας μονόφθαλμος πουλοῦσε λαχανικά. Τό μάτι πού δέν ἔβλεπε ἦταν φοβερά πρησμένο καί ἔμοιαζε μέ ἀπειλή. Ὁ ἴδιος ἀνακάτευε ἀμήχανα τά λαχανικά του. Τά ἔσπρωχνε, προσεχτικά, πρός τή μιά μεριά καί μετά, προσεχτικά, τά ξανάσπρωχνε πίσω. Ἕνας ἄλλος καθόταν σταυροπόδι, χάμω, κοντά σέ πέντε ἤ ἕξι πέτρες. Ἔπαιρνε τήν καθεμία στό χέρι, τή ζύγιζε, τήν παρατηροῦσε καί τήν κρατοῦσε λίγο ἀκόμη ψηλά. Τήν ἄφηνε κοντά στίς ἄλλες καί ξανάρχιζε μ' αὐτές τό ἴδιο παιχνίδι. Δέν κοίταξε ο ὔ τ ε μ ί α φ ο ρ ά ψηλά σέ μένα, παρ' ὅλο πού εἶχα στηθεῖ πολύ κοντά του. Ἦταν ὁ μόνος ἄνθρωπος, σ' ὅλη τή γειτονιά, πού δέν μέ τίμησε μ' ἕνα βλέμμα. Οἱ πέτρες πού ἤθελε νά πουλήσει δέν τόν ἄφηναν σέ ἡσυχία καί ἔμοιαζε νά ἐνδιαφέρεται πιό πολύ γι' αὐτές, παρά γιά τούς ἀγοραστές.

Ἔνιωθα πώς ὅλα φτώχαιναν, ὅσο βαθύτερα ἔμπαινα

στή Μέλλα. Τά ὡραῖα ὑφάσματα καί μεταξωτά ἦταν πιά πίσω μου. Κανείς δέν ἔμοιαζε πλούσιος καί πριγκιπικός, σάν Ἀβραάμ. Τό παζάρι, κοντά στήν πύλη τῆς εἰσόδου, ἦταν ἕνα εἶδος γειτονιᾶς πολυτελείας· ἡ πραγματική ζωή, ἡ ζωή τοῦ ἁπλοῦ λαοῦ, διαδραματιζόταν ἐδῶ. Βρέθηκα τώρα σέ μιά μικρή τετράγωνη πλατεία, πού μοῦ φάνηκε ἡ καρδιά τῆς Μέλλα. Σέ μιά μακρόστενη βρύση στέκονταν ἄντρες καί γυναῖκες ἀνακατωμένοι. Οἱ γυναῖκες κρατοῦσαν στάμνες, πού τίς γέμιζαν μέ νερό. Οἱ ἄντρες γέμιζαν τά πέτσινα ἀσκιά τους. Τά γαϊδούρια τους στέκονταν δίπλα τους καί περίμεναν νά ποτιστοῦν. Στή μέση τῆς πλατείας κάθονταν μερικοί μάγειροι. Ἄλλοι ἔψηναν κρέατα, ἄλλοι μικρές τηγανίτες. Εἶχαν κοντά τους τίς οἰκογένειές τους, γυναῖκες καί παιδιά. Ἦταν σάν νά εἶχαν μεταφέρει τό νοικοκυριό τους στήν πλατεία καί κατοικοῦσαν καί μαγείρευαν ἐκεῖ.

Χωριάτες, μέ ροῦχα Βερβερίνων, στέκονταν γύρω, μέ ζωντανά κοτόπουλα στά χέρια. Τά κρατοῦσαν ἀπό τά πόδια, πού ἦταν δεμένα· τό κεφάλι κρεμόταν πρός τά κάτω. Ὅταν πλησίαζαν γυναῖκες, τέντωναν πρός αὐτές τά κοτόπουλα, γιά νά τά πασπατέψουν. Ἡ γυναίκα ἔπαιρνε τό ζωντανό στά χέρια της, χωρίς νά τό ἀφήσει ὁ Βερβερίνος, χωρίς οὔτε ν' ἀλλάξει τή θέση του. Τό πίεζε, τό τσίμπαγε, τό ἔπιανε ἀκριβῶς ὅπου ἔπρεπε νά εἶναι κρεατωμένο. Κανείς δέν ἔβγαζε μιλιά, ὅσο κρατοῦσε ἡ ἐξέταση, οὔτε ὁ Βερβερίνος - οὔτε ἡ γυναίκα· ἀκόμα καί τό ζῶο ἔμενε βουβό. Μετά τό ἄφηνε, πάλι, νά κρέμεται ἀπό τό χέρι καί πήγαινε στόν ἑπόμενο χωριάτη. Ποτέ δέν ἀγόραζε κοτόπουλο μιά γυναίκα, πρίν νά ἔχει ἐξετάσει, διεξοδικά, πολλά ἄλλα.

Γύρω γύρω στήν πλατεία ὑπῆρχαν μαγαζιά· σέ μερικά δούλευαν μαστόροι. Οἱ σφυριές καί τά χτυπήματά τους ἠχοῦσαν μέσα στόν θόρυβο ἀπό τίς κουβέντες. Σέ μιά γωνιά τῆς πλατείας ἦταν μαζεμένοι πολλοί ἄντρες καί συζητοῦσαν ξαναμμένοι. Δέν καταλάβαινα τί ἔλεγαν, ἀλλά ἄν ἔβγαζες συμπέρασμα ἀπό τό ὕφος τους, πρέπει νά μιλοῦσαν γιά τά μεγάλα διεθνῆ θέματα. Εἶχαν διαφορετικές ἀπόψεις καί μονομαχοῦσαν μέ ἐπιχειρήματα. Μοῦ φάνηκε πώς μέ ἡδονή ἀντιδροῦσαν στίς ἀπόψεις τῶν ἄλλων.

Στή μέση τῆς πλατείας στεκόταν ἕνας γέρος ζητιάνος, ὁ πρῶτος πού εἶδα ἐδῶ· δέν ἦταν Ἑβραῖος. Μέ τό νόμισμα πού πῆρε, στράφηκε ἀμέσως πρός μία ἀπό τίς μικρές τηγανίτες, πού τσιτσίριζαν ἔντονα μέσα στό τηγάνι. Ὑπῆρχαν ἀρκετοί πελάτες γύρω στόν μάγειρα καί ὁ γερο-ζητιάνος ἔπρεπε νά περιμένει, ὥσπου νά 'ρθει ἡ σειρά του. Ἔκανε ὅμως ὑπομονή, ἀκόμα καί τόσο κοντά στήν ἐκπλήρωση τῆς ἐπείγουσας ἀνάγκης του. Ὅταν, τελικά, πῆρε τήν τηγανίτα του, στήθηκε πάλι στή μέση καί τήν ἔτρωγε μέ ὀρθάνοιχτο στόμα. Ἡ ὄρεξή του ἁπλώθηκε σάν σύννεφο ἀπόλαυσης πάνω ἀπό τήν πλατεία. Κανείς δέν τόν πρόσεχε, κι ὅμως ὁ καθένας ἀνάσαινε τήν εὐωδιά τῆς ἀπόλαυσής του. Καί μοῦ φάνηκε πώς ἦταν πολύ σημαντικός γιά τήν ζωή καί τήν εὐημερία τῆς πλατείας —τό τρῶγον μνημεῖο της.

Ὡστόσο, δέν πιστεύω πώς ἦταν ὁ μόνος στόν ὁποῖο χρωστοῦσα τήν εὐτυχισμένη μαγεία αὐτῆς τῆς πλατείας. Ἔνιωθα σάν νά ἤμουν τώρα, πραγματικά, κάπου ἀλλοῦ — στό τέρμα τοῦ ταξιδιοῦ μου. Δέν ἤθελα πιά νά φύγω ἀπό ἐδῶ, πρίν ἑκατοντάδες χρόνια ἤμουν ἐδῶ, ἀλλά τό εἶχα ξεχάσει καί τώρα μοῦ ξαναγύρισαν ὅλα. Βρῆκα νά ἀνοίγεται αὐτή ἡ πυκνότητα καί ἡ ζεστασιά τῆς ζωῆς, πού νιώθω μέσα μου. Ἤμουν αὐτή ἡ πλατεία, ἔτσι πού στεκόμουν ἐκεῖ. Πιστεύω πώς εἶμαι πάντα αὐτή ἡ πλατεία.

Ὁ ἀποχωρισμός ἀπό αὐτήν μοῦ ἔπεφτε τόσο δύσκολος, πού, κάθε πέντε ἤ δέκα λεπτά, ξαναγυρνοῦσα ἐκεῖ. Ὅπου κι ἄν πῆγα παρακάτω, ὅ,τι κι ἄν ἐξερεύνησα ἀκόμα στή Μέλλα, τό διέκοπτα, γιά νά ξαναγυρίσω στή μικρή πλατεία, νά τήν διασχίσω, σ' αὐτήν ἤ ἐκείνη τήν κατεύθυνση, γιά νά βεβαιωθῶ πώς ἦταν ἀκόμα ἐκεῖ.

Στήν ἀρχή ἔστριψα σέ ἕνα ἀπό τά ἥσυχα δρομάκια, ὅπου δέν ὑπῆρχαν μαγαζιά, μόνο κατοικίες. Παντοῦ —στούς τοίχους, κοντά στίς πόρτες, σέ κάποιο ὕψος ἀπό τό ἔδαφος— ἦταν ζωγραφισμένα μεγάλα χέρια, κάθε δάχτυλο σαφέστατα ἰχνογραφημένο —συνήθως μέ μπλέ χρῶμα: χρησιμεύουν σάν ἄμυνα στή βασκανία. Ἦταν τό συνηθέστερο σημάδι πού συνάντησα ἐδῶ, καί οἱ ἄνθρωποι τό βάζουν μέ εὐχαρίστηση ἐκεῖ ὅπου κατοικοῦν. Μέσα ἀπό ἀνοιχτές πόρτες, μποροῦσα νά κοιτάω στίς αὐλές. Ἦταν πιό καθαρές ἀπό τούς δρόμους· εἰρήνη διαχεόταν ἀπό αὐτές πρός ἐμένα, πού ἤμουν ἀπέξω. Μέ πολλή χαρά θά ἔμπαινα μέσα, ἀλλά δέν τολμοῦσα, γιατί δέν ἔβλεπα ἀνθρώπους. Δέν ἤξερα τί θά μποροῦσα νά πῶ ἄν, ξαφνικά, μέσα σέ ἕνα τέτοιο σπίτι, συναντοῦσα μιά γυναίκα. Τρόμαζα στήν ἰδέα, πώς θά μποροῦσα νά τρομάξω κάποιον. Ἡ ἡσυχία τῶν σπιτιῶν σοῦ μεταδινόταν σάν ἕνα εἶδος προστασίας. Ὅμως, δέν ἔμεινε γιά πολύ ἡ σιωπή. Ἕνας λεπτός, ὑψηλός θόρυβος, πού στήν ἀρχή ἔμοιαζε μέ τριζόνια, δυνάμωσε τόσο, πού ἄρχισα νά σκέπτομαι ἕνα πτηνοτροφεῖο. «Τί μπορεῖ νά εἶναι αὐτό; Ἐδῶ δέν μπορεῖ νά ὑπάρχει ζωολογικός κῆπος, μέ ἑκατοντάδες πουλιά! Παιδιά! Ἕνα σχολεῖο!» Σύντομα, δέν εἶχα καμιά ἀμφιβολία· ὁ ἐκκωφαντικός θόρυβος ἐρχόταν ἀπό ἕνα σχολεῖο.

Μέσα ἀπό μιά ἀνοιχτή πύλη κοίταζα σέ μιά μεγάλη αὐλή. Ἐκεῖ βρίσκονταν περίπου διακόσια μικροσκοπικά παιδάκια στριμωγμένα σφιχτά. Μερικά ἔτρεχαν γύρω ἤ ἔπαιζαν στό χῶμα. Τά περισσότερα, στά θρανία, κρατοῦσαν ἀλφαβητάρια στό χέρι. Μικρές ὁμάδες, ἀπό τρία ἤ τέσσερα, λικνίζονταν ζωηρά μπρός-πίσω καί ἀπάγγελναν μέ δυνατές φωνές: «Ἄλεφ. Μπέτ. Γκίμελ». Τά μικρά μαῦρα κεφάλια τινάζονταν ρυθμικά πέρα-δῶθε· κάποιος ἦταν πάντα, ἀνάμεσά τους, ὁ πιό φανατικός· οἱ κινήσεις του, πιό ὁρμητικές· καί ἀπό τό στόμα του ἠχοῦσαν οἱ φθόγγοι τοῦ ἑβραϊκοῦ ἀλφάβητου, σάν μελλοντικός δεκάλογος.

Μπῆκα μέσα καί προσπάθησα νά ξεδιαλύνω τίς δραστηριότητες τῶν ἀμέτρητων αὐτῶν παιδιῶν. Τά μικρότερα, ἀνάμεσά τους, ἔπαιζαν κάτω. Ἕνας δάσκαλος στεκόταν κοντά τους, πολύ φτωχικά ντυμένος· στό δεξί του κρατοῦσε πέτσινη λουρίδα, γιά νά δέρνει. Μέ πλησίασε μέ δουλοπρέπεια. Τό μακρύ του πρόσωπο ἦταν ἐπίπεδο καί ἀνέκφραστο· ἡ νεκρική του ἀκαμψία ἐρχόταν σέ ἔντονη ἀντίθεση μέ τή ζωντάνια τῶν παιδιῶν. Ἔδινε τήν ἐντύπωση πώς δέν θά μποροῦσε ποτέ νά τούς ἐπιβληθεῖ, πώς πληρωνόταν πολύ λίγο γιά κάτι τέτοιο. Ἦταν νέος ἄνθρωπος, ὅμως ἡ δική τους νιότη τόν ἔκανε γέρο. Δέν μιλοῦσε λέξη γαλλικά καί δέν περίμενα τίποτα ἀπ' αὐτόν.

Ἤμουν εὐχαριστημένος πού μποροῦσα νά στέκομαι ἐκεῖ, μέσα στόν ἐκκωφαντικό θόρυβο, καί νά κοιτάω λίγο γύρω. Ὅμως, τόν εἶχα ὑποτιμήσει. Πίσω ἀπό τή νεκρική του ἀκαμψία, κρυβόταν κάτι σάν ζῆλος. Ἤθελε νά μοῦ δείξει τί μποροῦσαν τά παιδιά του.

Φώναξε ἕνα μικρό παιδί κοντά του, τοῦ κράτησε μιά σελίδα ἀπό τό ἀλφαβητάριο μπροστά στά μάτια —ἔτσι πού νά μπορῶ νά βλέπω κι ἐγώ— καί ἔδειξε, βιαστικά, τή μία μετά τήν ἄλλη, ἑβραϊκές συλλαβές. Πηδοῦσε ἀπό τή μιά σειρά στήν ἄλλη, μπρός καί πίσω, γιά νά μή νομίσω πώς τό παιδί τά ἤξερε ἀπέξω καί τά ἔλεγε τυφλά, χωρίς νά διαβάζει. Τά μάτια τοῦ μικροῦ σπινθηροβολοῦσαν, σάν διάβαζε μεγαλόφωνα: «Λά-λό-μά-νού-σέ-τί-μπά-μπού». Δέν ἔκανε οὔτε ἕνα λάθος, δέν ψεύδισε οὔτε μιά φορά. Ἦταν τό καμάρι τοῦ δασκάλου του —καί διάβαζε ὅλο καί πιό γρήγορα. Ὅταν τελείωσε καί ὁ δάσκαλος τοῦ πῆρε τό ἀλφαβητάρι, τοῦ χάιδεψα τό κεφάλι καί τό ἐπαίνεσα, στά γαλλικά, ἀλλά αὐτό τό κατάλαβε. Ἀποσύρθηκε στό θρανίο του καί ἔκανε σάν νά μή μ' ἔβλεπε, ἐνῶ ἦρθε τό ἑπόμενο παιδί στή σειρά, πού ἦταν πολύ πιό ντροπαλό καί ἔκανε λάθη. Ὁ δάσκαλος τό ἔδιωξε, μέ μιά ἐλαφριά κατακεφαλιά, καί φώναξε ἀκόμα ἕνα-δύο ἄλλα παιδιά. Στή διάρκεια ὅλης αὐτῆς τῆς διαδικασίας, δέν μειώθηκε καθόλου ὁ παταγώδης θόρυβος· οἱ ἑβραϊκές συλλαβές ἔπεφταν σάν σταγόνες βροχῆς στήν ἀγριεμένη θάλασσα τοῦ σχολείου.

Ἄλλα παιδιά ἦρθαν, στό μεταξύ, κοντά μου. Μέ παρατηροῦσαν μέ περιέργεια, ἄλλα μέ θράσος, ἄλλα ντροπαλά κι ἄλλα φιλάρεσκα. Ὁ δάσκαλος, μέ τήν ἀδιερεύνητη απόφασή του, έδιωχνε τούς ντροπαλούς, ένῶ ἄφηνε τούς θρασεῖς. Ὅλα εἶχαν τό νόημά τους. Ἦταν ὁ φτωχός καί θλιβερός κύριος αὐτοῦ τοῦ τμήματος τοῦ σχολείου —ὅταν τελείωσε ἡ ἐπίδειξη, ἐξαφανίστηκαν ἀπό τό πρόσωπό του καί τά λίγα πενιχρά ἴχνη ἱκανοποιημένης ὑπερηφάνειας. Εὐχαρίστησα μέ πολλή εὐγένεια καί, γιά νά τόν ἐξυψώσω, λίγο ἀφ' ὑψηλοῦ —σάν νά ἤμουν σημαντικός ἐπισκέπτης. Ἡ ἱκανοποίησή μου ἦταν φανερή· μέ τό λανθασμένο αἴσθημα τάκτ, πού μέ ἀκολουθοῦσε παντοῦ στή Μέλλα, ἀποφάσισα νά ξανάρθω τήν ἄλλη μέρα καί νά τοῦ δώσω, τότε, μερικά χρήματα. Κοίταξα γιά λίγο ἀκόμα τά ἀγοράκια πού ἀπάγγελναν· ἡ ταλάντευσή τους, μπρός-πίσω, μέ εἶχε σαγηνεύσει —ἀπό ὅλα, αὐτό μοῦ ἄρεσε περισσότερο. Μετά ἔφυγα, ἀλλά ὁ θόρυβος μέ ἀκολούθησε γιά πολύ. Μέ πῆγε ὥς τό τέλος τοῦ δρόμου.

Τοῦτος ἐδῶ ἄρχισε νά ζωντανεύει πάλι, σάν νά ὁδηγοῦσε σέ σημαντικό δημόσιο τόπο. Εἶδα, σέ κάποια ἀπόσταση ἀπό μένα, ἕνα τεῖχος καί μιά μεγάλη πύλη. Δέν ἤξερα ποῦ ὁδηγοῦσε· ἀλλά ὅσο πλησίαζα, τόσο πιό συχνά συναντοῦσα ζητιάνους, πού κάθονταν δεξιά καί ἀριστερά ἀπ' τό δρόμο. Παραξενεύτηκα, ἐπειδή δέν εἶχα δεῖ ἀκόμα Ἑβραίους ζητιάνους. Ὅταν ἔφτασα στήν πύλη, εἶδα δέκα ἤ δεκαπέντε τέτοιους, σταυροπόδι, στή σειρά, ἄντρες καί γυναῖκες, κυρίως γέρους ἀνθρώπους. Στάθηκα κάπως ἀμήχανος στή μέση τοῦ δρόμου καί ἔκανα πώς μελετοῦσα τήν πύλη, ἐνῶ, στήν πραγματικότητα, παρατηροῦσα τά πρόσωπα τῶν ζητιάνων.

Ἕνας νέος ἄντρας ἦρθε ἀπό τό πλάι, κοντά μου, μοῦ ἔδειξε τό τεῖχος καί εἶπε: «le cimetière israélite», καί προσφέρθηκε νά μέ όδηγήσει μέσα. Ἦταν οἱ μόνες γαλλικές λέξεις πού ἤξερε. Τόν ἀκολούθησα, βιαστικά, μέσα ἀπό τήν πύλη. Ἦταν σβέλτος καί, ἄλλωστε, δέν χρειάζονταν λόγια. Βρέθηκα σέ ἕναν ἀπίθανα φαλακρό χῶρο· δέν φύτρωνε οὔτε καλάμι. Οἱ ταφόπετρες ἦταν τόσο χαμηλές, πού σχεδόν δέν τίς ἔβλεπες. Περπατώντας, σκόνταφτες ἐπάνω τους, σάν νά ἦταν συνηθισμένες πέτρες. Τό κοιμητήρι ἔμοιαζε μέ γιγάντιο σωρό ἀπό χαλάσματα. Ἴσως καί νά ἦταν ἀρχικά κάτι παρόμοιο καί μετά νά ἀποδόθηκε στόν σοβαρότερο προορισμό του. Τίποτα, σ' αὐτόν τόν χῶρο, δέν ὑψωνόταν πρός τά πάνω. Οἱ πέτρες, πού ἔβλεπες, καί τά κόκαλα, πού φανταζόσουν, ὅλα κείτονταν. Δέν ἦταν εὐχάριστο νά πορεύεσαι ἐδῶ ὄρθιος, δέν εἶχε κανένα νόημα —σέ ἔκανε μόνο νά νιώθεις γελοῖος.

Τά νεκροταφεῖα, σέ ἄλλα μέρη τῆς γῆς, εἶναι ἔτσι φτιαγμένα, πού νά δίνουν χαρά στούς ζωντανούς. Ζοῦνε πολλά ὄντα μέσα σ' αὐτά —φυτά καί πουλιά— καί ὁ ἐπισκέπτης, μοναδικός ἄνθρωπος μέσα σέ τόσους νεκρούς, νιώθει ἐμψυχωμένος καί στυλωμένος. Ἡ δική του κατάσταση τοῦ φαίνεται ἀξιοζήλευτη. Στίς πλάκες διαβάζει ὀνόματα ἀτόμων. Ἔχει ἐπιβιώσει ἀπό καθέναν ἀπό αὐτούς. Χωρίς νά τό παραδέχεται, νιώθει σάν νά νίκησε τόν καθένα τους σέ μονομαχία. Σίγουρα νιώθει καί λυπημένος γιά τόσους πολλούς πού δέν ὑπάρχουν πιά, ἀλλά, ἀπό τήν ἄλλη, ὁ ἴδιος εἶναι ἀκατάβλητος. Ποῦ ἀλλοῦ μπορεῖ νά νιώσει κανείς ἔτσι γιά τόν ἑαυτό του; Σέ ποιό πεδίο μάχης τοῦ κόσμου θά εἶχε ἀπομείνει μοναδικός; Στητός στέκει ἀνάμεσα σ' ὅλους πού κεῖνται. Μά καί τά δέντρα καί οἱ ἐπιτύμβιες πλάκες στέκουν ὄρθιες. Ἐδῶ φυτεύτηκαν καί στήθηκαν καί τόν περιβάλλουν, σάν ἕνα εἶδος κληρονομιᾶς, πού ὑπάρχει, γιά νά τοῦ ἀρέσει.

Ὅμως, σ' αὐτό τό ἔρημο κοιμητήρι τῶν Ἑβραίων, δέν ὑπάρχει τίποτα. Εἶναι ἡ γυμνή ἀλήθεια, ἕνα σεληνιακό τοπίο θανάτου. Στόν παρατηρητή εἶναι βαθύτατα ἀδιάφορο ποιός κεῖται ποῦ. Δέν σκύβει καί δέν προσπαθεῖ νά ἀποκρυπτογραφήσει. Εἶναι ὅλοι ἐκεῖ σάν ἀπορρίμματα καί θά 'θελε κανείς, βιαστικά, σάν τσακάλι, νά περάσει ἀπό πάνω τους καί νά φύγει. Εἶναι μιά ἔρημος ἀπό νεκρούς, ὅπου τίποτα δέ φυτρώνει —ἡ στερνή, ἡ ἀκροτελεύτια ἔρημος.

'Αφοῦ εἶχα περπατήσει ἕνα κομμάτι, ἄκουσα πίσω μου κραυγές. Γύρισα καί σταμάτησα. Καί ἀπό τήν μέσα μεριά τοῦ τείχους, κοντά στήν πύλη, στέκονταν ζητιάνοι. Ἦταν γέροι, γενειοφόροι, ἄντρες, μερικοί ἀπό αὐτούς μέ πατερίτσες, ἄλλοι τυφλοί. Παραξενεύτηκα πού δέν τούς εἶχα προσέξει πρίν. 'Επειδή ὁ ὁδηγός μου ἦταν τόσο βιαστικός, ἡ ἀπόσταση ἀνάμεσα σ' αὐτούς καί σέ μένα ἔφτανε σίγουρα τά ἑκατό βήματα. Δίστασα νά ξαναδιασχίσω αὐτό τό κομμάτι ἐρημιά, πρίν ἀκόμα εἰσδύσω βαθύτερα. 'Αλλά, *αὐτοί* δέν δίστασαν. Τρεῖς ἀπό δαύτους ἀποσπάστηκαν ἀπό τήν ὁμάδα, στό τεῖχος, καί ἔρχονταν κουτσαίνοντας, μέ μεγάλη βιασύνη, πρός τό μέρος μου. Ὁ πρῶτος ἀπό αὐτούς ἦταν ἕνας βαρύς ἄντρας μέ φαρδεῖς ὤμους καί ἐπιβλητική γενειάδα. Ἦταν μονοπόδαρος καί ἐκτινασσόταν μέ ὁρμή πρός τά μπρός, πάνω στίς πατερίτσες του. Σύντομα πῆρε τό κεφάλι ἀπό τούς ἄλλους. Οἱ χαμηλές ταφόπετρες δέν ἦταν γι' αὐτόν ἐμπόδια, οἱ πατερίτσες του ἀκουμποῦσαν τή γῆ, πάντα στό σωστό μέρος, καί δέν γλιστροῦσαν στίς πέτρες. Σάν ἀπειλητικό γέρικο ζῶο ἐρχόταν, ἐφορμώντας καταπάνω μου. Στό πρόσωπό του, πού γρήγορα πλησίαζε, δέν ὑπῆρχε τίποτα πού νά κινεῖ τόν οἶκτο. Ἡ ἔκφρασή του —ὅπως καί ὅλης τῆς μορφῆς του— ἦταν μία μοναδική, βίαιη ἀπαίτηση: «Ζῶ! Δῶσε μου!».

Εἶχα τό ἀνεξήγητο συναίσθημα, πώς ἤθελε νά μέ συντρίψει μέ τό βάρος του. Μέ φόβιζε. Ὁ ὁδηγός μου, ἕνας μικρόσωμος, ἀδύνατος ἄνθρωπος, πού εἶχε τίς κινήσεις σαύρας, μέ τράβηξε ἀπότομα μπροστά, πρίν ὁ ἄλλος μέ προφτάσει. Δέν ἤθελε νά δώσω στούς ζητιάνους καί τούς φώναξε κάτι στά ἀραβικά. Ὁ βαρύς, μέ τίς πατερίτσες, προσπάθησε νά μᾶς ἀκολουθήσει, ἀλλά, ὅταν εἶδε πώς εἴμασταν πιό γρήγοροι, ἐγκατέλειψε τήν προσπάθεια καί στάθηκε. Τόν ἄκουγα ἀκόμα, γι' ἀρκετή ὥρα, νά βρίζει θυμωμένος, καί οἱ φωνές τῶν ἄλλων, πού εἶχαν μείνει πίσω του, ἑνώνονταν μέ τή δική του, σέ ἕνα χορικό ὀργῆς.

Ἔνιωθα ξαλαφρωμένος πού τούς ξέφυγα, ἀλλά ντρεπόμουν κιόλας πού εἶχα μάταια ξυπνήσει τίς προσδοκίες τους. Ἡ ἐπίθεση τοῦ μονοπόδαρου γέρου δέν εἶχε ἀποκρουσθεῖ ἀπό τίς πέτρες —πού κι αὐτός καί οἱ πατερίτσες του τίς γνώριζαν καλά— ἀλλά ἀπό τή σβελτάδα τοῦ ὁδηγοῦ μου. Ἡ νίκη, σ' αὐτόν τόν ἄνισο ἀγώνα δρόμου, δέν ἦταν γιά νά τήν περηφανευτεῖς. Ἤθελα νά μάθω κάτι γιά τόν φτωχό μας ἀντίπαλο καί στράφηκα, μέ ἐρωτήσεις, πρός τόν ὁδηγό μου. Δέν κατάλαβε λέξη. Ἀντί γιά ἀπάντηση, ἕνα χαζό χαμόγελο ἁπλώθηκε στό πρόσωπό του. Μαζί μέ τό χαμόγελο, ἔλεγε: «Oui» καί ξανά πάλι: «Oui». Δέν ἤξερα ποῦ μέ ὁδηγοῦσε. Ἀλλά ἡ ἔρημος, μετά τήν ἐμπειρία μέ τόν γέροντα, δέν ἦταν πιά τόσο ἔρημη.

Ἦταν ὁ νόμιμος κάτοικός της, ἕνας ἀγροφύλακας τῶν φαλακρῶν λίθων, τῶν ἐρειπίων καί τῶν ἀόρατων ὀστῶν.

Ὅμως, εἶχα ὑπερτιμήσει τή σημασία του. Γιατί, δέν πέρασε πολλή ὥρα, καί συνάντησα ἕνα ὁλόκληρο πλῆθος πού κατοικοῦσε ἐδῶ. Πίσω ἀπό ἕνα μικρό ὕψωμα, στρίψαμε σέ μιά γούβα καί βρεθήκαμε ξαφνικά μπροστά σέ μιά μικροσκοπική συναγωγή. Ἔξω, σέ ἕνα ἡμικύκλιο, εἶχαν ἐγκατασταθεῖ καμιά πενηνταριά ζητιάνοι, ἄντρες καί γυναῖκες ἀνάκατα, βαρεμένοι μέ κάθε ἀναπηρία, κάτω ἀπό τόν ἥλιο, σάν μιά φυλή, ὅπου ὑπερτεροῦσαν οἱ προχωρημένες ἡλικίες. Εἶχαν ξαπλώσει στό χῶμα, σέ πολύχρωμες ὁμάδες, καί τώρα ἄρχισαν, προοδευτικά, ὄχι πολύ βιαστικά, νά κινοῦνται. Ξεκίνησαν νά μουρμουρίζουν εὐχές καί νά τεντώνουν τά χέρια. Ὅμως, δέν ἦρθαν πολύ κοντά μου, πρίν πατήσω τό κατώφλι τῆς συναγωγῆς.

Βρέθηκα νά κοιτάω σέ ἕνα πολύ μικρό, μακρόστενο χῶρο, ὅπου ἔκαιγαν ἑκατοντάδες φιτίλια. Ἦταν χωμένα σέ χαμηλούς, γυάλινους κυλίνδρους καί κολυμποῦσαν στό λάδι. Τά περισσότερα ἦταν ἁπλωμένα πάνω σέ τραπέζια, μέ συνηθισμένο ὕψος —καί τά ἔβλεπες, ἀπό ψηλά, σάν βιβλίο πού τό διαβάζεις. Λιγότερα κρέμονταν ἀπό τό ταβάνι, σέ μεγαλύτερα δοχεῖα. Στήν κάθε πλευρά τοῦ χώρου στεκόταν ἕνας ἄντρας πού, προφανῶς, ἀποστολή του ἦταν νά κάνει προσευχές. Στά τραπέζια, κοντά τους, ὑπῆρχαν μερικά νομίσματα. Δίστασα, στό κατώφλι, ἐπειδή δέν εἶχα μαζί μου κάλυμμα κεφαλῆς. Ὁ ὁδηγός ἔβγαλε τό μαῦρο σκουφάκι του ἀπό τό κεφάλι καί μοῦ τό ἔδωσε. Τό φόρεσα, ὄχι χωρίς ἀμηχανία, γιατί ἦταν φοβερά βρώμικο. Οἱ προσευχητές μοῦ ἔκαναν νόημα καί προχώρησα μέσα στά κεριά. Δέν μέ πῆραν γιά Ἑβραῖο καί δέν ἔκανα προσευχή. Ὁ ὁδηγός ἔδειξε τά νομίσματα καί κατάλαβα τί ἔπρεπε νά κάνω τώρα. Ἔμεινα μόνο ἐλάχιστο χρόνο. Ἔνιωθα φόβο, μπροστά σ' αὐτόν τόν χῶρο μέσα στήν ἔρημο, πού ἦταν γεμάτος κεριά, πού ἦταν φτιαγμένος ἀπό κεριά. Ἐκπορευόταν ἀπό αὐτά μιά ἤρεμη χαρά, σάν τίποτα νά μήν εἶχε τελειώσει όριστικά, ὅσο θά ἔκαιγαν. Ἴσως αὐτές οἱ τρυφερές φλόγες νά ἦταν τό μόνο πού εἶχε ἀπομείνει ἀπό τούς νεκρούς. Ἔξω, ὅμως, ἔνιωθε κανείς κοντινή τήν παθιασμένη ζωή τῶν ζητιάνων.

Βρέθηκα, πάλι, ἀνάμεσά τους καί τώρα ἄρχισαν πραγματικά νά κινοῦνται. Συνωστίζονταν ἐπάνω μου ἀπό ὅλες τίς πλευρές, σάν νά μποροῦσα ἐγώ μόνο νά ἀντιληφθῶ τή δική τους ἀναπηρία, καί μοῦ τήν ἐξηγοῦσαν σάν σέ περίτεχνο, ἀλλά πολύ βίαιο, χορό. Ἔπιαναν τό γόνατό μου καί φιλοῦσαν τό σακάκι μου. Εὐλογοῦσαν, ἔτσι μοῦ φάνηκε, κάθε σημεῖο τοῦ σώματός μου. Ἦταν σάν νά μεταμορφώθηκε ἕνα πλῆθος ἀπό ἀνθρώπους, μέ στόματα καί μάτια, μέ χέρια καί πόδια, μέ κουρέλια καί πατερίτσες, μέ ὅλα ὅσα εἶχαν, ἀπό τά ὁποῖα ἀπαρτίζονταν, σέ ἕνα προσεύχεσθαι. Τρόμαξα, ἀλλά δέν μπορῶ νά ἀρνηθῶ πώς καί ἐγώ εἶχα πολύ συγκινηθεῖ καί πώς ὅλος ὁ τρόμος γρήγορα χάθηκε μέσα στή συγκίνηση. Ποτέ δέν μοῦ εἶχαν ἔρθει, σωματικά, ἄνθρωποι τόσο κοντά. Ξέχασα τή βρωμιά τους, μοῦ ἦταν ἀδιάφορη, δέν σκεπτόμουν τίς ψεῖρες. Ἔνιωθα πόσο σαγηνευτικό μπορεῖ νά εἶναι γιά τόν ἄνθρωπο νά ἀφήσει νά τόν διαμελίσουν ζωντανό. Αὐτό τό φοβερό μέτρο λατρείας μοιάζει νά ἀξίζει τή θυσία του —καί πῶς, τότε, νά μή θεμελιώνει θαύματα.

Ὡστόσο, ὁ ὁδηγός μου φρόντισε νά μή μείνω στά χέρια τῶν ζητιάνων. Οἱ δικές του ἀπαιτήσεις ἦταν ἀρχαιότερες καί δέν εἶχαν ἀκόμα ἱκανοποιηθεῖ. Δέν εἶχα ἀρκετά ψιλά γιά ὅλους. Ἔδιωξε, μέ βίαιες ἐπιπλήξεις καί κραυγές, τούς ἀκόρεστους καί μέ τράβηξε ἀπό τό χέρι. Ἀφοῦ ἀφήσαμε πίσω τή συναγωγή, εἶπε, μέ τό χαζό χαμόγελό του, τρεῖς φορές «oui», παρ' ὅλο πού δέν τόν εἶχα ρωτήσει τίποτα. Ὁ τόπος δέν ἔμοιαζε πιά μ' ἕναν σωρό χαλάσματα, ὅταν γύρισα ἀπ' τόν ἴδιο δρόμο. Ἤξερα τώρα ποῦ εἶχε συγκεντρωθεῖ ἡ ζωή καί τό φῶς του. Ὁ γέρος ἄντρας, πίσω ἀπό τήν πύλη, πού εἶχε κάνει μέ τόση ἐνεργητικότητα τόν ἀγώνα δρόμου πάνω στίς πατερίτσες του, μέ κοίταζε σκοτεινός, ἀλλά ἔμεινε βουβός καί κράτησε τή βρισιά του γιά τόν ἑαυτό του. Βγῆκα ἀπό τήν πύλη τοῦ νεκροταφείου καί ὁ ὁδηγός μου ἐξαφανίστηκε γρήγορα, ὅπως εἶχε ἐμφανιστεῖ —καί ἀπ' τό ἴδιο μέρος. Εἶναι πιθανό νά ζοῦσε σέ μιά ρωγμή τοῦ τείχους, ἀπό τήν ὁποία σπάνια θά ἔβγαινε. Ἐξαφανίστηκε, ὄχι χωρίς νά ἀποδεχθεῖ αὐτά πού δικαιωματικά τοῦ ἀνῆκαν — καί, γιά ἀποχαιρετισμό, εἶπε «oui».

Ἡ οἰκογένεια Νταχάν

Ὅταν τό ἄλλο πρωί ξαναγύρισα στή Μέλλα, πῆγα ὅσο πιό γρήγορα γινόταν στή μικρή πλατεία πού ὀνόμαζα «ἡ καρδιά» καί μετά στό σχολεῖο, ὅπου χρωστοῦσα ἀκόμα κάτι στόν δάσκαλο μέ τό ἀκίνητο προσωπεῖο. Μέ ὑποδέχθηκε σάν νά μήν εἶχα πάει ποτέ ἐκεῖ, μέ τόν ἴδιο ἀκριβῶς τρόπο, καί ἴσως θά ἐπαναλάμβανε γιά χάρη μου τήν ἴδια διαδικασία τοῦ διαβάσματος· τόν πρόλαβα, ὅμως, καί τοῦ ἔδωσα αὐτά πού πίστευα πώς τοῦ χρωστοῦσα. Πῆρε τά χρήματα βιαστικά, χωρίς κανένα δισταγμό καί μέ ἕνα χαμόγελο πού ἔκανε τό πρόσωπό του νά φαίνεται ἀκόμα πιό ἄκαμπτο καί πιό κουτό. Περπάτησα γιά λίγο ἀνάμεσα στά παιδιά, παρατήρησα τίς ρυθμικές τους κινήσεις στό διάβασμα, πού μέ εἶχαν τόσο ἐντυπωσιάσει τήν προηγουμένη. Μετά, ἄφησα τό σχολεῖο καί περιπλανήθηκα στήν τύχη, μέσα στά σοκάκια τῆς Μέλλα. Ἡ ἐπιθυμία μου νά μπῶ σέ ἕνα ἀπό τά σπίτια εἶχε μεγαλώσει. Τό εἶχα πάρει ἀπόφαση νά μήν ἐγκαταλείψω αὐτή τή φορά τή

Μέλλα, χωρίς νά ἔχω δεῖ ἕνα σπίτι ἀπό μέσα. Πῶς, ὅμως, θά ἔμπαινα; Χρειαζόμουν ἕνα πρόσχημα, καί ἡ τύχη μου τό 'φερε νά μοῦ δοθεῖ σύντομα.

Στάθηκα μπροστά σ' ἕνα ἀπό τά μεγαλύτερα σπίτια, πού ἡ πύλη του ξεχώριζε ἀπό τίς ὑπόλοιπες τοῦ δρόμου χάρη σέ ἕνα ὕφος ἀξιοπρέπειας. Ἡ πόρτα ἦταν ἀνοιχτή. Κοίταζα μέσα σέ μιά αὐλή, στό βάθος τῆς ὁποίας καθόταν μιά νέα, μελαχροινή, πολύ φωτεινή γυναίκα. Ἴσως ἦταν αὐτή πού πρώτη τράβηξε τό βλέμμα μου. Στήν αὐλή ἔπαιζαν παιδιά καί, μιά καί εἶχα ἤδη πείρα ἀπό σχολεῖα, σκέφτηκα πώς μποροῦσα νά θεωρήσω αὐτό τό σπίτι γιά σχολεῖο καί νά κάνω πώς ἐνδιαφέρομαι γιά τά παιδιά.

Στεκόμουν καί χάζευα τά παιδιά καί τή γυναίκα, ὅταν, πολύ σύντομα, ἕνας ὑψηλόκορμος νέος, πού μέ εἶχε παρατηρήσει, ξεχώρισε ἀπό τό φόντο καί ἦρθε κοντά μου. Ἦταν λιγνός καί κρατοῦσε τό κεφάλι ψηλά. Μέ τό ροῦχο του, πού ἀνέμιζε, ἔδινε μιά πολύ ἀριστοκρατική ἐντύπωση. Στάθηκε μπροστά μου, μέ κοίταξε σοβαρά καί ἐξεταστικά καί μέ ρώτησε ἀραβικά τί ποθοῦσα. Ἀπάντησα γαλλικά: «εἶναι σχολεῖο ἐδῶ;». Δέν μέ κατάλαβε, δίστασε λίγο, εἶπε: «attendez» καί ἔφυγε. Δέν ἦταν ἡ μόνη γαλλική λέξη πού ἤξερε, γιατί, ὅταν ξαναγύρισε μέ ἕναν νέο ἄνθρωπο —πού ἦταν στολισμένος μέ γαλλικό τρόπο, μέ τό καλύτερο εὐρωπαϊκό κοστούμι, σάν νά 'ταν γιορτή— εἶπε ἀκόμα: «mon frère» καί «parle français».

Αὐτός, ὁ νεότερος ἀδελφός, εἶχε ἕνα πλατσουκωτό, ἄτονο, χωριάτικο πρόσωπο καί ἦταν πολύ μελαμψός. Μέ ἄλλα ροῦχα θά τόν εἶχα πάρει γιά Βερβερίνο —κι ὄχι ὄμορφο. Μιλοῦσε πραγματικά γαλλικά καί μέ ρώτησε τί ἐπιθυμῶ.

«Εἶναι σχολεῖο ἐδῶ;», ρώτησα, ἐνῶ συνειδητοποιοῦσα κιόλας κάποια ἐνοχή, γιατί δέν εἶχα καταφέρει νά κρατηθῶ καί εἶχα ρίξει ἄλλο ἕνα βλέμμα στή γυναίκα τῆς αὐλῆς —πράγμα πού δέν τούς εἶχε διαφύγει.

«Ὄχι», εἶπε ὁ νεότερος ἀδερφός. «Χθές ἐδῶ ἔγινε γάμος».

«Γάμος; Ἐδῶ;». Ἤμουν πολύ ἔκπληκτος, ἕνας θεός ξέρει γιατί, καί, στή ζωηρή μου ἀντίδραση, τοῦ φάνηκε σωστό νά συμπληρώσει:

«Ὁ ἀδερφός μου παντρεύτηκε.»

Ἔδειξε μέ μιά ἐλαφριά κίνηση τοῦ κεφαλιοῦ τόν μεγαλύτερο ἀδερφό, πού μοῦ εἶχε φανεῖ τόσο ἀριστοκρατικός. Τώρα θά ἔπρεπε νά εἶχα εὐχαριστήσει γιά τίς πληροφορίες καί νά εἶχα ξαναπάρει τόν δρόμο μου. Δίσταζα ὅμως, καί ὁ νέος γαμπρός εἶπε μέ μιά χειρονομία πρόσκλησης:

«Entrez! Περάστε μέσα!»

Ὁ ἀδερφός πρόσθεσε:

«Θέλετε νά δεῖτε τό σπίτι;»

Εὐχαρίστησα καί μπῆκα στήν αὐλή.

Τά παιδιά —ὑπῆρχαν περίπου μία δωδεκάδα— σκόρπισαν καί μοῦ ἔκαναν τόπο. Διέσχισα τήν αὐλή· οἱ δύο ἀδερφοί μέ συνόδευαν. Ἡ φωτεινή νέα γυναίκα σηκώθηκε —ἦταν ἀκόμα πιό νέα ἀπό ὅσο νόμιζα, ἴσως δεκάξι— καί μοῦ συστήθηκε ἀπό τόν ἀδερφό σάν νύφη του. Αὐτή ἦταν πού εἶχε παντρευτεῖ τήν προηγουμένη. Ἄνοιξαν τήν πόρτα ἑνός δωματίου, πού βρισκόταν στήν πέρα πλευρά τῆς αὐλῆς, καί μέ κάλεσαν νά μπῶ. Τό δωμάτιο, ἀρκετά μικρό, σχολαστικά ταχτοποιημένο καί καθαρό, ἦταν ἐπιπλωμένο μέ εὐρωπαϊκό τρόπο· ἀριστερά ἀπό τήν πόρτα βρισκόταν ἕνα πλατύ διπλό κρεβάτι, δεξιά της ἕνα μεγάλο τετράγωνο τραπέζι, σκεπασμένο μέ πράσινο βελούδινο κάλυμμα. Πίσω, στόν τοῖχο, ἦταν ἕνας μπουφές, μέσα στόν ὁποῖο ἔβλεπες μπουκάλια καί ποτηράκια τοῦ λικέρ. Οἱ καρέκλες γύρω στό τραπέζι συμπλήρωναν τήν εἰκόνα. Τό σπίτι ἔμοιαζε σάν ὁποιαδήποτε ταπεινή γαλλική μικροαστική κατοικία. Οὔτε ἕνα ἀντικείμενο δέν πρόδινε τή χώρα ὅπου βρισκόμασταν. Σίγουρα ἦταν τό καλύτερο δωμάτιο —ὁποιοδήποτε ἄλλο, μέσα στό σπίτι, θά μέ ἐνδιέφερε περισσότερο. Ἐννοοῦσαν, ὅμως, νά μέ τιμήσουν, προσφέροντάς μου θέση ἐδῶ.

Ἡ νέα γυναίκα, πού καταλάβαινε γαλλικά, ἀλλά σπάνια ἄνοιγε τό στόμα, πῆρε μπουκάλια καί ποτηράκια ἀπό τόν μπουφέ καί μέ κέρασε ἕνα δυνατό ποτό πού φτιάχνουν ἐδῶ οἱ Ἑβραῖοι. Τό λένε Μάλυα καί τό πίνουν πολύ. Σέ συζητήσεις μέ Μωαμεθανούς εἶχα συχνά τήν ἐντύπωση πώς αὐτοί, πού δέν ἐπιτρέπεται νά πίνουν οἰνοπνευματώδη, ζήλευαν τούς Ἑβραίους γι' αὐτό τό ποτό. Ὁ νεότερος ἀδερφός μέ κάλεσε νά πιοῦμε. Εἴχαμε καθίσει καί οἱ τρεῖς —αὐτός, ἡ νύφη του κι ἐγώ, ἐνῶ ὁ μεγαλύτερος, ὁ νιόγαμπρος, μόνο γιά λίγα λεπτά ἔμεινε στήν πόρτα, ἀπό εὐγένεια, καί μετά συνέχισε τόν δρόμο του. Εἶχε μᾶλλον πολλά νά κάνει καί, μιά καί δέν μποροῦσε νά συνεννοηθεῖ μαζί μου, μέ ἄφησε στή γυναίκα του καί τόν μικρότερό του ἀδερφό.

Ἡ γυναίκα μέ παρατηροῦσε μέ τά ἀκίνητα καστανά μάτια της· δέν πῆρε τό βλέμμα της ἀπό πάνω μου, ἀλλά οὔτε ἡ ἐλάχιστη σύσπαση στό πρόσωπό της δέν πρόδινε τί σκεπτόταν γιά μένα. Φοροῦσε ἕνα ἁπλό λουλουδάτο φόρεμα, πού θά μποροῦσε νά προέρχεται ἀπό ἕνα γαλλικό μεγάλο κατάστημα —ταίριαζε μέ τήν ἐπίπλωση τοῦ δωματίου. Ὁ νεαρός γαμπρός της, μέ τό σκοῦρο μπλέ κοστούμι του, γελοῖα καλοσιδερωμένο, ἔμοιαζε σάν νά βγῆκε μόλις ἀπό τή βιτρίνα ἑνός παριζιάνικου καταστήματος ρούχων. Τό μόνο ἀλλιώτικο σ' ὅλο τό χῶρο ἦταν τό σκοῦρο χρῶμα τῆς ἐπιδερμίδας τους.

Ὅσο κρατοῦσαν οἱ εὐγενικές ἐρωτήσεις πού μοῦ ἔκανε ὁ νεαρός ἄντρας καί στίς ὁποῖες προσπαθοῦσα νά ἀπαντῶ ἐξίσου εὐγενικά, ἄν καί λιγότερο τυπικά, σκεπτόμουν συνέχεια πώς τό ὄμορφο βουβό πρόσωπο ἀπέναντί μου εἶχε σηκωθεῖ πρίν λίγο ἀπό τό νυφικό του κρεβάτι. Ἦταν ἤδη προχωρημένο πρωί, ἀλλά σίγουρα θά εἶχε σηκωθεῖ σήμερα πιό ἀργά. Ἤμουν ὁ πρῶτος ξένος πού ἀντίκριζε, μετά ἀπό αὐτή τή σημαντική ἀλλαγή στή ζωή της. Ἡ περιέργειά μου γι' αὐτήν, ἀντιστοιχοῦσε στή δική της γιά μένα. Τά μάτια της ἦταν πού μέ τράβηξαν μέσα στό σπίτι καί τώρα μέ ἀτένιζε σταθερά, σιωπηλά, ἐνῶ μιλοῦσα συνέχεια —ἀλλά ὄχι σ' αὐτήν. Θυμᾶμαι πώς, σ' ὅλη αὐτή τή συνάντηση, ἤμουν γεμάτος μέ μιά ἀλλόκοτη ελπίδα, τήν ἐλπίδα πώς στή σκέψη της θά μέ συνέκρινε μέ τόν ἄντρα της, πού τόσο μοῦ εἶχε ἀρέσει. Καί ἐπιθυμοῦσα νά προτιμοῦσε ἐκεῖνον ἀπό ἐμένα, τήν λιτή του ὑψηλοφροσύνη, τήν φίνα ἀξιοπρέπεια, ἀπό τήν δική μου ἐπηρμένη ξενικότητα —πίσω ἀπό τήν ὁποία ἴσως νά ὑπέθετε δύναμη καί πλοῦτο. Τοῦ εὐχόμουν δική μου ἧττα καί εὐλογία στόν γάμο του.

Ὁ νεαρός μέ ρώτησε ἀπό ποῦ ἐρχόμουν.

«Ἀπό τήν Ἀγγλία», εἶπα. «Λονδίνο». Εἶχα συνηθίσει

νά δίνω αὐτή τήν ἀπλουστευμένη ἀπάντηση, γιά νά μήν μπερδεύω τούς ἀνθρώπους. Εἶδα μιά ἐλαφριά ἀπογοήτευση γιά τήν ἀπάντησή μου, ἀλλά δέν ἤξερα τί ἐπιθυμοῦσε νά εἶχε ἀκούσει.

«Εἶστε ἐδῶ ἐπισκέπτης;»

«Ναί, δέν εἶχα δεῖ ποτέ τό Μαρόκο.»

«Πήγατε ἤδη στή Μπαΐα;»

Τώρα ἄρχισε νά μέ ρωτάει γιά ὅλα τά ἐπίσημα ἀξιοθέατα τῆς πόλης. Εἶχα πάει ἐκεῖ ἤ ἐδῶ —καί τελείωσε μέ τό νά προσφερθεῖ σάν ξεναγός. Ἤξερα πώς, ἀπό τή στιγμή πού παραδίνεσαι σέ ἕναν ντόπιο νά σέ ξεναγήσει, δέν βλέπεις τίποτα πιά —καί, γιά νά τοῦ κόψω ὅσο πιό γρήγορα γινόταν τήν ἐλπίδα καί νά φέρω τήν κουβέντα σέ ἄλλα θέματα, ἐξήγησα πώς ἤμουν ἐδῶ μέ μιά ἀγγλική ἑταιρία παραγωγῆς ταινιῶν, πού ὁ ἴδιος ὁ πασάς τήν εἶχε ἐφοδιάσει μέ ξεναγό. Στήν πραγματικότητα, δέν εἶχα σχέση μέ αὐτή τήν ταινία, ἀλλά μέ εἶχε προσκαλέσει στό Μαρόκο ἕνας Ἄγγλος φίλος μου, πού ἔκανε τήν παραγωγή, καί ἕνας ἄλλος φίλος, πού ἦταν μαζί μου —ἕνας νέος Ἀμερικανός— ἔπαιζε σ' αὐτήν ἕνα ρόλο.

Οἱ πληροφορίες μου δέν ἄργησαν νά πετύχουν στόν στόχο τους. Δέν ἐπέμεινε πιά νά μοῦ δείξει τήν πόλη, ἀλλά ἄλλες προοπτικές ἀνοίχτηκαν μπροστά στά μάτια του. Μήπως εἴχαμε μιά θέση γι' αὐτόν; Μποροῦσε νά κάνει τά πάντα. Εἶναι ἤδη ἀπό καιρό χωρίς δουλειά. Τό πρόσωπό του, πού εἶχε κάτι τό ἄτονο καί τό σκοτεινό, μοῦ εἶχε φανεῖ ὥς τότε ἀνεξήγητο· ἀντιδροῦσε ἐλάχιστα ἤ τόσο ἀργά, πού ὑπέθετες πώς δέν συνέβαινε τίποτα μέσα σ' αὐτόν τόν ἄνθρωπο. Τώρα, ὅμως, κατάλαβα πώς τό κοστούμι μέ εἶχε ἐξαπατήσει σχετικά μέ τήν κατάστασή του. Ἴσως ἦταν τόσο σκοτεινιασμένος, γιατί εἶχε μείνει πολύ χωρίς δουλειά καί ἴσως ἡ οἰκογένειά του νά τοῦ τό χτύπαγε. Ἤξερα πώς ὅλες οἱ μικροδουλειές στήν ἑταιρία τοῦ φίλου μου εἶχαν κιόλας ἀνατεθεῖ καί τοῦ τό εἶπα ἀμέσως, γιά νά μήν τόν κοροϊδέψω. Ἔσκυψε μέ τό κεφάλι, πάνω ἀπό τό τραπέζι, πρός τό μέρος μου καί ρώτησε ξαφνικά: «êtes- vous Israélite?».

Εἶπα, ἐνθουσιασμένος, ναί. Ἦταν τόσο εὐχάριστο, ἐπιτέλους, νά μπορῶ νά πῶ ναί σέ κάτι καί ἤμουν ἀκόμα περίεργος νά δῶ τό ἀποτέλεσμα πού θά εἶχε ἐπάνω του αὐτή ἡ ἐξομολόγηση. Γέλασε μέ ὅλο του τό πρόσωπο καί ἔδειξε τά μεγάλα κιτρινωπά του δόντια. Στράφηκε στή νύφη του, πού καθόταν σέ κάποια ἀπόσταση ἀπέναντί μου, καί κούνησε ὁρμητικά τό κεφάλι του, γιά νά τῆς μεταδώσει τήν χαρά του γι' αὐτό τό νέο. Ἐκείνη δέν ἄλλαξε ἔκφραση. Μᾶλλον μοῦ φάνηκε λίγο ἀπογοητευμένη. Ἴσως ἤθελε τόν ξένο τελείως ξένο. Αὐτός ἔλαμπε ἀκόμα γιά λίγο καί, ὅταν τώρα ἄρχισα ἐγώ νά τοῦ κάνω ἐρωτήσεις, ἀπαντοῦσε πιό εὔγλωττα ἀπό ὅσο περίμενα.

Ἔμαθα πώς ἡ νύφη καταγόταν ἀπό τό Μαζαγκάν. Τό σπίτι δέν ἦταν πάντα ἔτσι γεμάτο. Τά μέλη τῆς οἰκογένειας εἶχαν ἔρθει ἀπό τήν Καζαμπλάνκα καί τό Μαζαγκάν γιά τόν γάμο κι εἶχαν φέρει μαζί καί τά παιδιά τους. Ὅλοι ζοῦσαν τώρα μαζί τους στό σπίτι —γι' αὐτό ἦταν ἡ αὐλή ἔτσι ἀσυνήθιστα γεμάτη. Τό ὄνομά του ἦταν Ἠλίας Νταχάν καί μέ ὑπερηφάνεια κατάγραφε τό γεγονός πώς εἴχαμε ἴδιο μικρό ὄνομα. Ὁ ἀδερφός του ἦταν ρολογάς, ἀλλά δέν εἶχε δικό του μαγαζί, δούλευε ὑπάλληλος σ' ἄλλο ρολογά. Ἐπανειλημμένα μέ κάλεσε νά πιῶ καί μοῦ ἔβαλαν μπροστά μου φροῦτα σέ γλυκό τοῦ κουταλιοῦ, ὅπως τά 'φτιαχνε ἡ μάνα μου. Ἤπια, ἀλλά τά φροῦτα τά ἀρνήθηκα εὐγενικά —ἴσως γιατί μοῦ θύμιζαν πολύ τό σπίτι μου— καί μ' αὐτό προκάλεσα, ἐπιτέλους, μιά σαφή ἀντίδραση στό πρόσωπο τῆς νύφης: λύπη. Διηγήθηκα πώς οἱ πρόγονοί μου ἦρθαν ἀπό τήν Ἰσπανία καί ρώτησα ἄν ὑπάρχουν ἄνθρωποι στή Μέλλα πού νά μιλᾶνε τά παλιά σπανιόλικα. Δέν γνώριζε κανέναν, ἀλλά εἶχε ἀκούσει γιά τήν ἱστορία τῶν Ἑβραίων στήν Ἰσπανία καί αὐτή ἡ γνώση ἦταν τό πρῶτο πού ξεπερνοῦσε τήν γαλλική του ἐμφάνιση καί τό ὕφος τοῦ στενοῦ του περιβάλλοντος. Τώρα ρωτοῦσε πάλι αὐτός: Πόσοι Ἑβραῖοι νά ὑπῆρχαν στήν Ἀγγλία; Τά πᾶνε καλά; Πῶς τούς μεταχειρίζονται; Ὑπάρχουν ἀνάμεσά τους μεγάλοι ἄντρες; Ἔνιωσα ξαφνικά κάτι σάν θερμή εὐγνωμοσύνη ἀπέναντι στή χώρα ὅπου περνοῦσα καλά, ὅπου κέρδισα φίλους καί, γιά νά μέ καταλάβει, τοῦ διηγήθηκα γιά ἕναν Ἄγγλο Ἑβραῖο πού ἀπόκτησε μεγάλο κύρος στήν πολιτική —τόν λόρδο Σάμουελ.

«Σάμουελ;», ρώτησε καί ἔλαμψε πάλι ὅλο του τό πρόσωπο —ἔτσι πού ὑπέθεσα πώς τόν εἶχε ἀκουστά καί ἤξερε γιά τήν καριέρα του. Ἀλλά ἐκεῖ ἔκανα λάθος, γιατί γύρισε πρός στήν νεαρή γυναίκα καί εἶπε:

«Αὐτό εἶναι τό ὄνομα τῆς νύφης μου. Ὁ πατέρας της ὀνομάζεται Σάμουελ.»

Τήν κοίταξα ἐρωτηματικά. Ἔνευσε μέ ὁρμή.

Ἀπό κείνη τή στιγμή ἔγινε πιό ψυχρός στίς ἐρωτήσεις του. Ἡ αἴσθηση μιᾶς μακρινῆς συγγένειας μέ τόν λόρδο

Σάμουελ, πού, ὅπως τοῦ εἶχα πεῖ, ὑπῆρξε στέλεχος ἀγγλικῶν κυβερνήσεων, τόν ἐμψύχωνε.

«Μήπως ὑπάρχουν κι ἄλλοι Ἰσραηλίτες στήν ἑταιρία σας;»

«Ἕνας», ἀπάντησα.

«Θά θέλατε νά τόν φέρετε γιά ἐπίσκεψη;». Τό ὑποσχέθηκα.

«Μήπως εἶναι τίποτα Ἀμερικάνοι μαζί σας;»

Γιά πρώτη φορά εἶπε τή λέξη «Ἀμερικάνος». Ἔνιωσα πώς ἦταν ἡ χρυσή του λέξη καί κατάλαβα γιατί εἶχε ἀπογοητευθεῖ στήν ἀρχή μέ τήν ἀγγλική μου προέλευση. Ἀφηγήθηκα γιά τόν Ἀμερικάνο φίλο μου, πού ἔμενε στό ἴδιο ξενοδοχεῖο μέ μᾶς, ἀλλά ἀναγκάστηκα νά ὁμολογήσω πώς δέν ἦταν «Israélite».

Ὁ μεγαλύτερος ἀδερφός ξαναῆρθε. Ἴσως νά ἔβρισκε πώς εἶχα παρακαθήσει. Ἔριξε ἕνα βλέμμα στή γυναίκα του. Μέ ἀτένιζε ἀκόμα σταθερά. Μοῦ φάνηκε πώς εἶχα μείνει γιά χάρη της καί δέν εἶχα παραιτηθεῖ ἀπό τήν ἐλπίδα νά συζητήσω μαζί της. Εἶπα στόν νεώτερο πώς, ἄν εἶχε ὄρεξη, μποροῦσε νά μέ συνοδεύσει στό ξενοδοχεῖο μου καί σηκώθηκα ἀπό τήν πολυθρόνα μου. Ἀποχαιρέτησα τήν νέα γυναίκα. Οἱ δύο ἀδερφοί μέ συνόδεψαν ὥς ἔξω. Ὁ νιόγαμπρος στάθηκε μπροστά στήν πόρτα, κάπως σάν νά μοῦ ἔκλεινε τό δρόμο, καί μοῦ ἦρθε ἡ σκέψη πώς ἴσως περίμενε πληρωμή γιά τήν ἐπίσκεψη τοῦ σπιτιοῦ. Δέν ἤθελα, ὅμως, καί νά τόν προσβάλω, γιατί ἀκόμα μοῦ ἄρεσε, καί ἔτσι στάθηκα γιά ἕνα λεπτό σέ ἐνοχλητική ἀμηχανία. Τό χέρι μου, πού πλησίαζε στήν τσέπη, σταμάτησε μεσοδρομίς καί τό συνέλαβα νά παριστάνει πώς ἔξυνε. Ὁ νεό-

τερος ἦρθε σάν σωτήρας καί εἶπε κάτι στά άραβικά.
Ἄκουσα τή λέξη «Γιεχούντι», Ἰουδαῖος, πού μέ ἀφοροῦσε, καί ἀφέθηκα ἐλεύθερος μέ μιά φιλική, κάπως ἀπογοητευμένη, χειραψία.

Τήν ἄλλη μέρα κιόλας παρουσιάστηκε στό ξενοδοχεῖο μου ὁ Ἠλίας Νταχάν. Δέν μέ βρῆκε καί ξανάρθε. Γύριζα πολύ καί ἦταν ἄτυχος· ἴσως νά νόμιζε κιόλας ὅτι τοῦ κρυβόμουν. Τήν τρίτη ἤ τέταρτη φορά, ἐπιτέλους, μέ συνάντησε. Τόν κάλεσα γιά καφέ καί μέ ἀκολούθησε στό Τζέμα ἐλ Φνά, ὅπου καθίσαμε σέ μιά ἀπό τίς βεράντες τῶν καφενείων. Ἦταν ἴδια ἀκριβῶς ντυμένος, ὅπως τήν προηγούμενη μέρα. Στήν ἀρχή δέν μιλοῦσε καθόλου, ἀλλά, ἀκόμα κι ἀπό τό ἀνέκφραστο πρόσωπό του, φαινόταν πώς εἶχε κάτι στό νοῦ του. Ἕνας γέροντας, πού πουλοῦσε σκαλιστούς μπρούντζινους δίσκους, πλησίασε στό τραπέζι μας. Ἀπό τό μαῦρο του σκουφί, τά ροῦχα καί τό γένι, φαινόταν ἀμέσως πώς ἦταν Ἑβραῖος. Ὁ Ἠλίας ἔσκυψε συνωμοτικά πρός ἐμένα καί, σάν νά εἶχε νά μοῦ ἐμπιστευθεῖ κάτι ἰδιαίτερα σημαντικό, εἶπε: «c'est un Israélite». Ἔγνεψα εὐχαριστημένος. Γύρω μας κάθονταν πολλοί Ἄραβες καί ἕνας ἤ δύο Εὐρωπαῖοι. Μόλις τώρα, πού εἶχε ἀνανεωθεῖ μεταξύ μας ἡ συνεννόηση τῆς περασμένης μέρας, ἔνιωσε πιό ἐλεύθερος καί ξεστόμισε τό αἴτημά του: Μήπως θά μποροῦσα νά τοῦ δώσω μία ἐπιστολή γιά τόν διοικητή τοῦ στρατοπέδου στό Μπέν Γκερίρ; Θά 'θελε πολύ νά δουλέψει στούς Ἀμερικάνους.

«Τί εἴδους ἐπιστολή;», ρώτησα ἐγώ.

«Νά πεῖτε στόν διοικητή νά μοῦ δώσει μιά θέση.»

«Μά δέν τόν ξέρω καθόλου τόν διοικητή.»

«Γράψτε μου ἕνα γράμμα», ἐπανέλαβε, σάν νά μήν εἶχε ἀκούσει τί εἶχα πεῖ.

«Δέν ξέρω τόν διοικητή», ξαναεῖπα.

«Πέστε του νά μοῦ δώσει μιά θέση.»

«Μά δέν ξέρω οὔτε πῶς τόν λένε. Πῶς μπορῶ νά τοῦ γράψω;»

«Θά σᾶς πῶ ἐγώ τό ὄνομα.»

«Τί εἴδους δουλειά θέλετε νά κάνετε ἐκεῖ;»

«Comme plongeur», εἶπε, καί θυμήθηκα ἀμυδρά πώς αὐτό σημαίνει κάποιον πού πλένει πιάτα.

«Εἴσασταν ἤδη ἐκεῖ;»

«Ἔχω δουλέψει στούς Ἀμερικάνους σάν plongeur», εἶπε, πολύ ὑπερήφανος.

«Στό Μπέν Γκερίρ;»

«Ναί.»

«Καί γιατί φύγατε ἀπό ἐκεῖ;»

«Ἀπολύθηκα», εἶπε, ἐξίσου ὑπερήφανος.

«Εἶναι καιρός;»

«Πρίν ἕνα χρόνο.»

«Καί γιατί δέν παρουσιάζεστε ἐκεῖ πάλι;»

«Ἄτομα ἀπό τό Μαρόκο δέν ἐπιτρέπεται νά μποῦν στό στρατόπεδο. Μόνον ἄν δουλεύουν ἐκεῖ.»

«Γιατί, ὅμως, νά σᾶς ἀπολύσουν; Μήπως θέλατε ἐσεῖς νά φύγετε;», πρόσθεσα μέ τάκτ.

«Δέν ὑπῆρχε ἀρκετή δουλειά. Ἔδιωξαν καί ἄλλους πολλούς.»

«Τότε, δέν θά βρεθεῖ πάλι ἐλεύθερη θέση γιά σᾶς, ἀφοῦ ὑπάρχει λίγη δουλειά.»

«Γράψτε στόν διοικητή νά μοῦ δώσει μιά θέση.»

«Ἕνα δικό μου γράμμα δέν θά ἔχει κανένα ἀποτέλεσμα, ἀφοῦ δέν τόν γνωρίζω.»

«Μ' ἕνα γράμμα θά μ' ἀφήσουν νά περάσω.»

«Μά δέν εἶμαι οὔτε κάν 'Αμερικάνος. Σᾶς τό εἶπα πώς εἶμαι Ἄγγλος. Δέν τό θυμόσαστε;»

Ζάρωσε τό μέτωπο. Ἦταν ἡ πρώτη φορά πού πρόσεξε μία ἀντίρρησή μου. Σκέφθηκε καί μετά εἶπε:

«Ὁ φίλος σας εἶναι 'Αμερικάνος.»

Τώρα κατάλαβα. 'Εγώ, ὁ αὐθεντικός φίλος ἑνός αὐθεντικοῦ 'Αμερικάνου, ἔπρεπε νά γράψω ἕνα γράμμα στόν διοικητή τοῦ στρατοπέδου Μπέν Γκερίρ, ὅπου θά ἀπαιτοῦσα νά δώσει στόν 'Ηλία Νταχάν θέση «plongeur».

Εἶπα πώς θά μιλοῦσα μέ τόν 'Αμερικάνο φίλο μου. Σίγουρα θά ἤξερε τί πρέπει νά γίνει σέ μιά τέτοια περίπτωση. Ἴσως, θά μποροῦσε ὁ ἴδιος νά γράψει ἕνα τέτοιο γράμμα· ἀλλά, πρῶτα, θά ἔπρεπε νά τόν ρωτήσω. Ἤξερα πώς δέν γνώριζε τόν διοικητή προσωπικά.

«Γράψτε πώς πρέπει νά δώσει καί στόν ἀδερφό μου μιά θέση.»

«Στόν ἀδερφό σας; Τόν ρολογά;»

«Ἔχω ἀκόμα ἕναν ἀδερφό —πιό μικρό. Τόν λένε Σίμωνα.»

«Τί κάνει;»

«Εἶναι ράφτης. Καί αὐτός δούλευε στούς 'Αμερικάνους.»

«Σάν ράφτης;»

«Μέτραγε τά ἄπλυτα.»

«Κι αὐτός ἔχει φύγει πρίν ἕνα χρόνο;»

«Ὄχι. 'Απολύθηκε πρίν 14 μέρες.»

«Πού σημαίνει πώς δέν εἶχαν πιά δουλειά γι' αὐτόν.»

«Γράψτε καί γιά τούς δύο. Θά σᾶς δώσω τό ὄνομα τοῦ διοικητῆ. Γράψτε ἀπό τό ξενοδοχεῖο σας.»

«Θά μιλήσω μέ τόν φίλο μου.»

«Νά 'ρθω νά πάρω τό γράμμα ἀπό τό ξενοδοχεῖο;»

«'Ελᾶτε σέ δύο, τρεῖς μέρες, ὅταν θά ἔχω μιλήσει μέ τόν φίλο μου καί τότε θά σᾶς πῶ ἄν θά γράψει γράμμα γιά σᾶς.»

«Δέν ξέρετε τό ὄνομα τοῦ διοικητῆ;»

«Ὄχι. Θέλατε νά μοῦ δώσετε ἐσεῖς τό ὄνομα, ἔτσι δέν εἶναι;»

«Νά σᾶς φέρω τό ὄνομα τοῦ διοικητῆ στό ξενοδοχεῖο;»

«Ναί, αὐτό μπορεῖτε νά τό κάνετε.»

«Σᾶς φέρνω σήμερα τό ὄνομα τοῦ διοικητῆ. Τοῦ γράφετε ἕνα γράμμα, νά δώσει σ' ἐμένα καί τόν ἀδερφό μου μιά θέση.»

«Φέρτε μου αὔριο τό ὄνομα.» Ἄρχισα νά γίνομαι ἀνυπόμονος. «Δέν μπορῶ νά σᾶς ὑποσχεθῶ τίποτα, ἄν δέν μιλήσω μέ τό φίλο μου.»

Καταράστηκα τή στιγμή πού πάτησα τό πόδι στό σπίτι τῆς οἰκογένειάς του. Τώρα θά ἐρχόταν καθημερινά, ἴσως καί πολλές φορές τή μέρα, καί θά ἐπαναλάμβανε συνέχεια τήν ἴδια φράση. Δέν θά 'πρεπε νά εἶχα δεχθεῖ τή φιλοξενία τῶν ἀνθρώπων. Τήν ἴδια στιγμή εἶπε:

«Δέν θά θέλατε νά ξανάρθετε στό σπίτι μας;»

«Τώρα; Ὄχι, τώρα δέν ἔχω καιρό. Μιά ἄλλη φορά, εὐχαρίστως.»

Σηκώθηκα καί βγῆκα ἀπό τή βεράντα. Σηκώθηκε, ἀβέβαιος, καί μέ ἀκολούθησε. Παρατήρησα πώς δίσταζε καί, ἀφοῦ εἴχαμε κάνει μερικά βήματα, ρώτησε:

«Ἔχετε πληρώσει;»

«Ὄχι». Τό εἶχα ξεχάσει. Εἶχα τραπεῖ σέ φυγή μπροστά του, ὅσο πιό γρήγορα γινόταν, καί εἶχα ξεχάσει νά πληρώσω τόν καφέ πού τόν εἶχα κεράσει. Τόν ντράπηκα καί ὁ ἐρεθισμός ἐξαφανίστηκε. Γύρισα πίσω, πλήρωσα καί περιπλανήθηκα μαζί του στό σοκάκι πού ὁδηγεῖ στή Μέλλα.

Τώρα ἄρχισε νά παίζει τόν ρόλο τοῦ ξεναγοῦ καί νά μοῦ δείχνει ὅλα ὅσα κιόλας ἤξερα. Οἱ ἐξηγήσεις του ἀποτελοῦνταν πάντα ἀπό δύο φράσεις: «Αὐτή εἶναι ἡ Μπαΐα. Πήγατε ἤδη στή Μπαΐα;». «Αὐτοί εἶναι οἱ χρυσοχόοι. Εἴδατε ἤδη τούς χρυσοχόους;».

Ἡ ἀπάντησή μου δέν ἦταν λιγότερο στερεότυπη. «Ναί, πῆγα» ἤ «Ναί, τούς ἔχω δεῖ». Εἶχα μόνο μία ἁπλή ἐπιθυμία: Πῶς νά τόν κάνω νά μή μέ ὁδηγήσει πουθενά. Αὐτός, ὅμως, εἶχε ἀποφασίσει νά μοῦ φανεῖ χρήσιμος καί ἡ ἀποφασιστικότητα ἑνός κουτοῦ ἀνθρώπου εἶναι ἀκλόνητη. Ὅταν εἶδα πώς δέν ὑποχωροῦσε, προσπάθησα μέ τήν πονηριά. Ρώτησα γιά τήν Μπερρίμα, τό παλάτι τοῦ σουλτάνου. Ἐκεῖ δέν εἶχα πάει, εἶπα, ἄν καί ἤξερα καλά ὅτι δέν ἐπιτρέπεται ἡ εἴσοδος.

«La Berrima?», ἐπανέλαβε χαρούμενος. «Ἡ θεία μου μένει ἐκεῖ. Θέλετε νά σᾶς πάω;»

Τώρα δέν μποροῦσα νά πῶ ὄχι. Βέβαια, δέν καταλάβαινα τί γύρευε ἡ θεία του στό παλάτι τοῦ σουλτάνου. Ἦταν, μήπως, θυρωρίνα; Πλύστρα; Μαγείρισσα; Μέ γοήτευε νά μπῶ μέ αὐτόν τόν τρόπο στό κάστρο. Ἴσως μποροῦσα νά γίνω φίλος μέ τή θεία καί ἔτσι νά μάθω μερικά γύρω ἀπό τή ζωή ἐκειπέρα.

Πηγαίνοντας γιά τήν Μπερρίμα, ἀρχίσαμε νά μιλᾶμε γιά τόν Γκλάουι, τόν πασά τοῦ Μαρρακές. Λίγες μέρες πρίν, εἶχε γίνει μιά ἀπόπειρα δολοφονίας τοῦ νέου σουλτάνου τοῦ Μαρόκου, στό τζαμί τῆς συνοικίας. Ἡ θρησκευτική τελετή ἦταν ἡ μόνη εὐκαιρία πού εἶχε ὁ δολοφόνος νά πλησιάσει τόν βασιλιά. Αὐτός, ὁ νέος σουλτάνος, ἦταν γέροντας. Ἦταν ὁ θεῖος τοῦ προηγούμενου, πού οἱ Γάλλοι τόν εἶχαν καθαιρέσει καί ἐξορίσει ἀπό τό Μαρόκο. Τό Κόμμα τῆς Ἐλευθερίας πολεμοῦσε μέ ὅλα τά μέσα τόν θεῖο-σουλτάνο, σάν ὄργανο τῶν Γάλλων. Σέ ὅλη τή χώρα, ἀνάμεσα στούς ντόπιους, εἶχε μόνο ἕνα γερό στήριγμα —τόν Ἐλ Γκλάουι, τόν πασά τοῦ Μαρρακές, πού ἦταν ἤδη γνωστός, ἐδῶ καί δύο γενιές, σάν ὁ πιό ἔμπιστος σύμμαχος τῶν Γάλλων. Ὁ Γκλάουι συνόδευε τόν νέο σουλτάνο στό τζαμί καί σκότωσε ἐπί τόπου τόν συνωμότη. Ὁ σουλτάνος, ὁ ἴδιος, τραυματίστηκε μόνον ἐλαφρά.

Λίγο πρίν ἀπό ἐκεῖνο τό γεγονός, εἶχα πάει μέ ἕνα φίλο νά περπατήσω σ' αὐτό τό μέρος τῆς πόλης. Τυχαῖα βρεθήκαμε μπροστά στό ἴδιο τζαμί καί εἴδαμε τά ἀνθρώπινα πλήθη πού περίμεναν τήν ἄφιξη τοῦ σουλτάνου. Ἡ ἀστυνομία ἦταν σέ μεγάλη ἀναταραχή, διότι ἤδη εἶχε γίνει μιά σειρά ἀπό ἀπόπειρες καί ἔπαιρνε τά μέτρα της ἀδέξια καί φωναχτά. Καί ἐμᾶς μᾶς ἔδιωξαν βάναυσα, ἀλλά τούς ντόπιους τούς κυνηγοῦσαν μέ λύσσα καί κραυγές, ἀκόμα κι ὅταν στέκονταν ἀκριβῶς ἐκεῖ ὅπου τούς εἶχαν ἐπιτρέψει. Κάτω ἀπό τέτοιες συνθῆκες, δέν μᾶς ἔκανε κέφι νά περιμένουμε τήν ἄφιξη τοῦ σουλτάνου καί συνεχίσαμε τόν δρόμο μας. Μισή ὥρα ἀργότερα, ἔγινε ἡ ἀπόπειρα, καί ἡ εἴδηση διαδόθηκε, μέ ταχύτητα ἀνέμου, μέσα στήν πόλη.

Τώρα περνοῦσα, μέ τόν νέο μου συνοδό, μέσα ἀπό τούς ἴδιους δρόμους, ὅπως τότε, καί αὐτό ἔφερε τή συζήτηση στόν Γκλάουι.

«Ὁ πασάς μισεῖ τούς Ἄραβες», εἶπε ὁ Ἠλίας. «Ἀγαπᾶ τούς Ἑβραίους. Εἶναι ὁ φίλος τῶν Ἑβραίων. Δέν ἐπιτρέπει νά συμβεῖ κάτι στούς Ἑβραίους».

Μιλοῦσε πιό πολύ καί πιό βιαστικά ἀπό ἄλλες φορές καί ἀκουγόταν περίεργα —σάν νά εἶχε ἀποστηθίσει τά λόγια του ἀπό ἕνα παλιό βιβλίο Ἱστορίας. Ἡ ἴδια ἡ Μέλλα δέν μοῦ εἶχε φανεῖ τόσο μεσαιωνική, ὅσο αὐτά τά λόγια γιά τόν Γκλάουι. Παρατηροῦσα κρυφά τό πρόσωπό του, ὅπως ξανάλεγε τά ἴδια λόγια. «Οἱ Ἄραβες εἶναι οἱ ἐχθροί του. Ἔχει γύρω του Ἑβραίους. Μιλάει μέ Ἑβραίους. Εἶναι ὁ φίλος τῶν Ἑβραίων». Προτιμοῦσε τόν τίτλο «πασάς», πού δείχνει ἀξίωμα, ἀπό τό οἰκογενειακό ὄνομα Γκλάουι. Ὅποτε ἔλεγα ἐγώ «Γκλάουι», ἀπαντοῦσε «πασάς». Ἀκουγόταν ἀπό τό στόμα του σάν τή λέξη «διοικητής», μέ τήν ὁποία μέ εἶχε τρελάνει πρό ὀλίγου. Ὅμως, ἡ ὑψηλότερη καί πιό ἐλπιδοφόρα λέξη του ἦταν καί παρέμεινε —στό πεῖσμα τοῦ Γκλάουι— ἡ λέξη «Ἀμερικάνος».

Στό μεταξύ, μέσα ἀπό μιά μικρή πύλη, εἴχαμε μπεῖ σέ μιά γειτονιά πού βρισκόταν ἔξω ἀπό τά τείχη τῆς πόλης. Τά σπίτια εἶχαν ἕνα μόνο πάτωμα καί φαίνονταν πολύ φτωχικά. Στούς μικρούς ἀνώμαλους δρόμους δέν ἔβλεπες ἄνθρωπο, ἐδῶ κι ἐκεῖ συναντοῦσες μερικά παιδιά πού ἔπαιζαν. Ἀναρωτιόμουν πῶς ἀπό ἐδῶ θά φτάναμε στό παλάτι, ὅταν στάθηκε μπροστά σ᾽ ἕνα ἀπό τά πιό ἀσήμαντα σπίτια καί εἶπε:

«Ἐδῶ μένει ἡ θεία μου.»

«Δέ μένει στήν Μπερρίμα;»

«Αὐτή εἶναι ἡ Μπερρίμα», εἶπε. «Ὅλη ἡ συνοικία λέγεται Μπερρίμα.»

«Καί ἐδῶ μποροῦν νά μένουν καί Ἑβραῖοι;»

«Ναί», εἶπε, «ὁ πασάς τό ἔχει ἐπιτρέψει.»

«Ὑπάρχουν ἐδῶ πολλοί;»

«Ὄχι, οἱ περισσότεροι κάτοικοι ἐδῶ εἶναι Ἄραβες. Ζοῦν, ὅμως, καί μερικοί Ἑβραῖοι. Θέλετε νά κάνετε τή γνωριμία τῆς θείας μου; Ἐδῶ μένει καί ἡ γιαγιά μου.»

Χαιρόμουν πολύ πού θά ἔβλεπα πάλι ἕνα σπίτι ἀπό μέσα καί μακάριζα τόν ἑαυτό μου πού ἦταν ἕνα τόσο ἁπλό καί ἄσημο σπίτι. Ἤμουν εὐχαριστημένος μέ τήν ἀνταλλαγή —κι ἄν τό εἶχα καταλάβει ἀπό τήν ἀρχή, θά εἶχα χαρεῖ περισσότερο γι' αὐτό, παρά γιά μιά ἐπίσκεψη στό παλάτι τοῦ σουλτάνου.

Χτύπησε τήν πόρτα καί περιμέναμε λίγο. Μιά νέα, εὔρωστη γυναίκα ἐμφανίστηκε, μέ εἰλικρινή καί εὐχάριστα χαρακτηριστικά. Μᾶς ὁδήγησε μέσα, ἦταν ὅμως λίγο ἀμήχανη, ἐπειδή ὅλα τά δωμάτια μόλις εἶχαν βαφτεῖ καί δέν μποροῦσε νά μᾶς δεχθεῖ κάπου, ὅπως θά ταίριαζε. Σταθήκαμε στή μικροσκοπική αὐλή, στήν ὁποία ἔβλεπαν τρία μικρά δωμάτια. Ἦταν ἐκεῖ ἡ γιαγιά τοῦ Ἠλία, πού δέν φαινόταν καθόλου γριά. Μᾶς δέχθηκε χαμογελώντας, ἀλλά μοῦ φάνηκε σάν νά μήν ἦταν καί πολύ ὑπερήφανη γιά δαῦτον.

Τρία μικρά παιδιά γύριζαν μέσα στήν αὐλή καί φώναζαν μ' ὅλη τους τή δύναμη. Ἦταν μικρούτσικα καί ἤθελαν ἀγκαλιά· ἡ φασαρία τῶν δύο μικρότερων ἦταν ἐκκωφαντική. Ὁ Ἠλίας μιλοῦσε μέ τήν νεαρή θεία του, ἔλεγε ἐκπληκτικά πολλά. Τά ἀραβικά του εἶχαν μιά κάποια ὁρμητικότητα, πού δέν τήν περίμενα ἀπ' αὐτόν – ἀλλά ἴσως ἦταν τέτοια ἡ φύση τῆς γλώσσας.

Ἡ θεία μοῦ ἄρεσε. Ἦταν μιά ἀφράτη, νέα γυναίκα, πού μέ παρατηροῦσε μέ ἀπορία, ἀλλά χωρίς καθόλου δουλοπρέπεια. Μέ τήν πρώτη ματιά θύμιζε ἀνατολίτισσες, ὅπως τίς ἔχει ζωγραφίσει ὁ Ντελακρουά. Εἶχε τό ἴδιο μακρουλό, ἀλλά ὅμως γεμάτο, σχῆμα προσώπου, τήν ἴδια κοψιά στά μάτια, τήν ἴδια ἴσια καί κάπως μακριά μύτη.

Στή μικρή αὐλή στεκόμουν πολύ κοντά της, τά βλέμματά μας συναντήθηκαν σέ φυσική ἕλξη. Ἤμουν τόσο σαστισμένος, πού ἔσκυψα τά μάτια· ἀλλά τότε, εἶδα τά σφυρά της –ἦταν τόσο ἑλκυστικά ὅσο τό πρόσωπό της. Εὐχαρίστως θά καθόμουν κοντά της. Σώπαινε, ἐνῶ ὁ Ἠλίας τῆς μιλοῦσε ἀκόμα καί τά παιδιά φώναζαν ὅλο καί πιό δυνατά. Ἡ μητέρα της ἦταν ἐξίσου κοντά μου, ὅπως ἡ ἴδια. Σίγουρα κάτι νιώθει, σκέφθηκα καί ἐνοχλήθηκα. Τά λίγα ἔπιπλα ἦταν στοιβαγμένα τό ἕνα πάνω στό ἄλλο στήν αὐλή –τά δωμάτια, πού ἔβλεπες μέσα τους, ἦταν ἄδεια. Πουθενά δέν εἶχε νά καθίσει κανείς. Οἱ τοῖχοι ἦταν φρεσκοασβεστωμένοι, σάν νά εἶχε πρωτομπεῖ κανείς στό σπίτι. Ἡ νέα γυναίκα μύριζε πάστρα, σάν τούς τοίχους της. Προσπάθησα νά φανταστῶ τόν ἄντρα της καί τόν ζήλεψα. Ὑποκλίθηκα, ἔδωσα τό χέρι στή μητέρα της καί σ' αὐτήν, καί γύρισα νά φύγω.

Ὁ Ἠλίας ἦρθε πίσω μου. Ἔξω στό δρόμο εἶπε: «Λυπᾶμαι πού πέσαμε στό καθάρισμα». Δέν μπόρεσα νά συγκρατηθῶ καί εἶπα: «Ἡ θεία σας εἶναι μιά ὡραία γυναίκα». Ἔπρεπε νά τό πῶ σέ κάποιον καί, ἴσως, εἶχα τήν ἐλπίδα —ἐνάντια σέ κάθε λογική— πώς θά ἀπαντοῦσε: «Θά 'θελε νά σᾶς ξαναδεῖ». 'Αλλά αὐτός βουβάθηκε.

Τόσο λίγο σημείωσε τήν ἀνεξήγητη παρόρμησή μου, πού πρότεινε τώρα νά μέ πάει σέ ἕνα θεῖο του. Ὑποτάχθηκα, λίγο ντροπιασμένος πού εἶχα προδοθεῖ. Ἴσως εἶχα παραβεῖ τά ἔθιμα. Ἕνας ἄσχημος ἤ βαρετός θεῖος θά ἀντιστάθμιζε τήν ὄμορφη θεία.

Στό δρόμο μοῦ ἐξήγησε τίς πολύπλοκες οἰκογενειακές σχέσεις. Ἦταν, στήν πραγματικότητα, περισσότερο πληθωρικές παρά πολύπλοκες. Εἶχε συγγενεῖς στίς πιό διαφορετικές πόλεις τοῦ Μαρόκου. Ἔφερα τήν κουβέντα στή νύφη του, πού εἶχα δεῖ τήν προηγούμενη μέρα, καί ρώτησα γιά τόν πατέρα της, στό Μαζαγκάν. «C' est un pauvre», εἶπε, «ἕνας φτωχός». Ἦταν, ὅπως θά θυμάστε, ὁ ἄνθρωπος πού ὀνομαζόταν Σάμουελ. Δέν ἔβγαζε τίποτα. Ἡ γυναίκα του δούλευε γι' αὐτόν —μόνη αὐτή συντηροῦσε τήν οἰκογένεια. Μήπως ὑπῆρχαν καί στό Μαρρακές φτωχοί Ἑβραῖοι; «Διακόσιοι πενήντα», εἶπε. «Ἡ Κοινότητα τούς δίνει νά τρῶνε». Φτωχούς ἐννοοῦσε αὐτούς πού ἦταν τῆς ζητιανιᾶς —καί ξεχώριζε τόν ἑαυτό του, πολύ φανερά, ἀπό αὐτή τήν τάξη.

Ὁ θεῖος, στόν ὁποῖο πήγαμε τώρα, εἶχε μιά μικρή παράγκα ἔξω ἀπό τή Μέλλα, ὅπου πουλοῦσε μεταξωτά. Ἦταν ἕνας ἀδύνατος, μικρόσωμος ἄντρας, χλωμός καί λυπημένος, πού μιλοῦσε λίγο. Ἡ παράγκα του ἦταν μοναχική· κανείς δέν πλησίασε, ὅσο στεκόμουν ἐκεῖ. Ἔμοιαζε σάν νά ἔκαναν ὅλοι οἱ περαστικοί ἕνα τόξο, γιά νά τήν παρακάμψουν. Στίς ἐρωτήσεις μου ἀπαντοῦσε μέ σωστά, ἀλλά κάπως μονοσύλλαβα, γαλλικά. Ἡ δουλειά πηγαίνει πολύ ἄσχημα. Κανείς δέν φωνίζει κάτι. Δέν ὑπάρχουν λεφτά. Ξένοι δέν ἔρχονται —αἰτία οἱ ἀπόπειρες. Ἦταν ἕνας χαμηλόφωνος ἄνθρωπος καί οἱ ἀπόπειρες τοῦ ἔπεφταν πολύ θορυβώδεις. Τό παράπονό του δέν ἦταν οὔτε ὀξύ, οὔτε ὁρμητικό. Ἀνῆκε στούς ἀνθρώπους πού πάντα σκέπτονται ὅτι μποροῦν νά τούς ἀκούσουν ξένα αὐτιά —καί ἡ φωνή του ἦταν τόσο σβησμένη, πού σχεδόν δέν τόν καταλάβαινα.

Τόν ἀφήσαμε, σάν νά μήν εἴχαμε πάει καθόλου. Εἶχα τή διάθεση νά ρωτήσω τόν Ἠλία πῶς εἶχε συμπεριφερθεῖ αὐτός ὁ θεῖος στόν γάμο. Τελικά, μόνο δύο μέρες εἶχαν περάσει ἀπό τότε πού ἡ οἰκογένεια εἶχε γιορτάσει τή μεγάλη γιορτή της. Κατάπνιξα, ὅμως, αὐτή τήν κάπως κακεντρεχή φράση —πού ἔτσι κι ἀλλιῶς δέν θά τήν καταλάβαινε— καί εἶπα πώς τώρα πρέπει νά γυρίσω σπίτι. Μέ συνόδεψε ὥς τό ξενοδοχεῖο. Στό δρόμο μοῦ ἔδειξε ἀκόμα τό ρολογάδικο, ὅπου δούλευε ὁ ἀδερφός του. Ἔριξα ἀπ' ἔξω μιά ματιά καί τόν εἶδα σοβαρό, σκυμμένο πάνω ἀπ' ἕνα τραπέζι, νά παρατηρεῖ μέσα ἀπό φακό τά μικροσκοπικά μέρη ἑνός ρολογιοῦ. Δέν ἤθελα νά τόν ἐνοχλήσω καί προχώρησα χωρίς νά μέ δεῖ.

Μπροστά στό ξενοδοχεῖο στάθηκα γιά νά χαιρετίσω τόν Ἠλία. Ἡ γενναιοδωρία του, σέ προσφορά συγγενῶν, τοῦ ἔδωσε πάλι θάρρος καί ξανάρχισε νά μιλάει γιά τό γράμμα: «Θά σᾶς φέρω τό ὄνομα τοῦ διοικητῆ», εἶπε, «αὔριο». «Ναί, ναί», εἶπα, μπῆκα γρήγορα μέσα καί χάρηκα, γιά αὔριο.

Ἀπό τότε ἐμφανιζόταν καθημερινά. Ὅταν δέν ἤμουν μέσα, ἔκανε τή βόλτα τοῦ τετραγώνου καί ξαναρχόταν.

Ἄν, πάλι, δέν ἤμουν ἐκεῖ, στηνόταν στή γωνιά, ἀπέναντι στήν εἴσοδο τοῦ ξενοδοχείου, καί περίμενε ὑπομονετικά. Σέ μέρες πού ἔκανε ψύχρα, ἔμπαινε μέσα στό χώλ τοῦ ξενοδοχείου, ἀλλά δέν ἔμενε ποτέ καθιστός πάνω ἀπό λίγα λεπτά. Φοβόταν τό ἀραβικό προσωπικό τοῦ ξενοδοχείου, πού τόν μεταχειριζόταν περιφρονητικά —ἴσως τόν ἀναγνώριζαν σάν Ἑβραῖο.

Ἦρθε μέ τό ὄνομα τοῦ διοικητῆ. Ἔφερε, ἐπίσης, καί ὅλα τά πιστοποιητικά πού εἶχε ἀποκτήσει στή ζωή του. Δέν τά ἔφερε ὅλα μαζί. Κάθε μέρα πρόσθετε ἕνα ἤ δύο καινούργια, πού τά εἶχε σκεφθεῖ στό μεταξύ. Φαινόταν πεπεισμένος πώς ἐγώ μποροῦσα νά συντάξω τίς ἐπιθυμητές διαταγές πρός τόν διοικητή τοῦ Μπέν Γκερίρ, ὅποτε ἤθελα. Καί γιά τό ἀποτέλεσμά τους, ἔτσι καί τίς εἶχα συντάξει, δέν εἶχε τήν παραμικρή ἀμφιβολία. Τά χαρτιά εἶχαν κάτι τό ἀκαταμάχητο, μόλις ἔμπαινε ἀπό κάτω ἕνα ξενικό ὄνομα. Μοῦ ἔφερε πιστοποιητικά γιά κάθε θέση, στήν ὁποία εἶχε ὑπηρετήσει. Πραγματικά, εἶχε δουλέψει γιά λίγο καιρό στούς Ἀμερικάνους σάν «plongeur». Ἔφερε καί πιστοποιητικά τοῦ νεώτερου ἀδερφοῦ, τοῦ Σίμωνα. Δέν ἐρχόταν ποτέ χωρίς νά βγάλει ἀπό τήν τσέπη ἕνα χαρτί καί νά μοῦ τό κρατήσει μπροστά στά μάτια. Συνήθιζε νά περιμένει λίγο τό ἀποτέλεσμα τῆς ἀνάγνωσης καί μετά πρότεινε ἀλλαγές στό κείμενο τῆς ἐπιστολῆς, τήν ὁποία θά ἔπρεπε νά γράψω στόν διοικητή.

Στό μεταξύ, εἶχα συζητήσει λεπτομερέστατα ὅλη τήν ὑπόθεση μέ τόν φίλο μου τόν Ἀμερικάνο. Προθυμοποιήθηκε νά συστήσει τόν Ἠλία Νταχάν στούς συμπατριῶτες του, ἀλλά δέν εἶχε καμιά ἐλπίδα γιά τόν νεαρό· οὔτε τόν διοικητή γνώριζε, οὔτε ἄλλον κανένα πού νά ἔχει ἐπιρροή στό μοίρασμα θέσεων. Ὡστόσο, δέν θέλαμε καί οἱ δύο νά στερήσουμε τήν ἐλπίδα ἀπό τόν Ἠλία, καί ἔτσι τό γράμμα γράφτηκε.

Ἤμουν ξαλαφρωμένος, ὅταν τόν ὑποδέχθηκα μέ αὐτό τό νέο, καί ὅταν —γιά ἀλλαγή— ἔβγαλα ἐγώ ἀπό τήν τσέπη ἕνα χαρτί.

«Διαβάστε!», εἶπε καχύποπτα καί κάπως ἀπότομα.

Διάβασα τό ἀγγλικό κείμενο, ἀπό τήν ἀρχή ὥς τό τέλος, καί, παρ' ὅλο πού ἤξερα πώς δέν καταλάβαινε λέξη, διάβασα ὅσο μποροῦσα πιό ἀργά.

«Μεταφράστε!», εἶπε, χωρίς νά ἀλλάξει ἔκφραση.

Μετέφρασα καί ἔδωσα στίς γαλλικές μου λέξεις ἕναν τόνο ἐμφαντικό καί ἐπίσημο. Τοῦ ἔδωσα τό γράμμα. Ἔψαξε κάτι καί μετά ἔλεγξε τήν ὑπογραφή. Τό μελάνι δέν ἦταν ἀρκετά σκοῦρο καί κούνησε τό κεφάλι.

«Αὐτό δέν μπορεῖ νά τό διαβάσει ὁ διοικητής», εἶπε καί μοῦ ἔδωσε πίσω τό γράμμα. Χωρίς ἴχνος συστολῆς, πρόσθεσε:

«Γράψτε μου τρία γράμματα. Ἄν ὁ διοικητής δέν ἀνταποκριθεῖ στό πρῶτο, θά στείλω τό δεύτερο σ' ἕνα ἄλλο στρατόπεδο.»

«Καί τί χρειάζεστε τό τρίτο γράμμα;», ρώτησα, γιά νά κρύψω τήν κατάπληξή μου γιά τό θράσος του.

«Γιά μένα», εἶπε ὑπερήφανος.

Κατάλαβα πώς ἤθελε νά τό ἐντάξει στή συλλογή τῶν πιστοποιητικῶν —καί ἡ σκέψη πώς αὐτό, τό τρίτο, ἦταν γι' αὐτόν τό σπουδαιότερο, φάνηκε ἀναπόφευκτη.

«Γράψτε τή δική σας διεύθυνση», πρόσθεσε.

Τό ξενοδοχεῖο δέν ἀναφερόταν πουθενά —αὐτό, λοιπόν, ἔψαχνε πρίν.

«Αὐτό δέν ἔχει κανένα νόημα», εἶπα. «Ἐμεῖς σύντομα φεύγουμε. Ἄν κανείς θέλει νά ἀπαντήσει, χρειάζεται τή δική σας διεύθυνση».

«Γράψτε τή διεύθυνσή σας», ἀπάντησε ἀκλόνητος — ἡ ἀντίρρησή μου δέν τοῦ ἔκανε καμιά ἐντύπωση.

«Αὐτό μποροῦμε, παρ' ὅλ' αὐτά, νά τό κάνουμε», εἶπα, «ἀλλά καί ἡ δική σας διεύθυνση πρέπει νά ὑπάρχει ἐδῶ, ἀλλιῶς δέν ἔχει κανένα νόημα ὅλη ἡ ἱστορία».

«Ὄχι», εἶπε, «γράψτε τό ξενοδοχεῖο!»

«Μά τί θά συμβεῖ, ἄν θέλει κανείς νά σᾶς δώσει τή θέση; Πῶς θά σᾶς βρεῖ; Τήν ἄλλη ἑβδομάδα φεύγουμε, καί τόσο γρήγορα, σίγουρα, δέν θά 'ρθει ἡ ἀπάντηση.»

«Γράψτε τό ξενοδοχεῖο!»

«Θά τό πῶ στό φίλο μου. Ἐλπίζω νά μή θυμώσει πού θά πρέπει νά ξαναγράψει τό γράμμα.» Δέν μποροῦσα νά τοῦ ἀρνηθῶ, νά τόν τιμωρήσω γιά τό πεῖσμα του.

«Τρία γράμματα», ἦταν ἡ ἀπάντησή του. «Γράψτε τό ξενοδοχεῖο καί στά τρία γράμματα.»

Τόν ἄφησα ἐξοργισμένος καί σκεπτόμουν μόνο πῶς νά μήν τόν ξαναδῶ. Τήν ἄλλη μέρα ἦρθε μέ ἰδιαίτερα ἐπίσημο ὕφος καί μέ ρώτησε:

«Θέλετε νά κάνετε τή γνωριμία τοῦ πατέρα μου;»

«Ποῦ εἶναι;», ρώτησα.

«Στό μαγαζί. Ἔχει ἕνα μαγαζί μαζί μέ τόν θεῖο μου. Δύο λεπτά ἀπό 'δῶ.»

Δέχθηκα καί πήγαμε. Βρισκόταν πάνω στόν μοντέρνο δρόμο πού ὁδηγεῖ ἀπό τό ξενοδοχεῖο μου στό Μπάμπ

'Αγκενάου. Τόν εἶχα περπατήσει συχνά αὐτόν τό δρόμο, πολλές φορές τή μέρα, καί εἶχα ρίξει ἀρκετές ματιές στά μαγαζιά, δεξιά καί ἀριστερά. 'Ανάμεσα στούς ἰδιοκτῆτες αὐτῶν τῶν μαγαζιῶν ὑπῆρχαν πολλοί 'Εβραῖοι· τά πρόσωπά τους μοῦ ἦταν ἤδη γνωστά. 'Αναρωτήθηκα ἄν ἕνας ἀπ' αὐτούς ἦταν ὁ πατέρας του, καί τούς ἀνακάλεσα στό μυαλό μου. Ποιός θά μποροῦσε νά εἶναι;

Νά, ὅμως, πού εἶχα ὑποτιμήσει τόν ἀριθμό καί τήν ποικιλία αὐτῶν τῶν μαγαζιῶν, γιατί, μόλις μπῆκα μέσα, ἀπό τό δρόμο, ἄρχισα νά ἀπορῶ πῶς δέν εἶχα ποτέ ὥς τώρα παρατηρήσει αὐτό τό παράξενο κατάστημα. Ἦταν παραγεμισμένο μέ ζάχαρη, σέ κάθε μορφή, εἴτε σέ πλάκες, εἴτε σέ σάκους. Σέ κάθε ὕψος, σ' ὅλα τά ράφια γύρω, δέν εἶχε ἄλλο ἀπό ζάχαρη. Δέν εἶχα δεῖ ποτέ μαγαζί πού νά πουλάει μόνο ζάχαρη καί βρῆκα τό γεγονός —ὁ Θεός ξέρει γιατί— πολύ διασκεδαστικό. 'Ο πατέρας δέν ἦταν ἐκεῖ, ἦταν ὅμως ὁ θεῖος, τοῦ ὁποίου ἔκανα τή γνωριμία. Ἦταν ἕνα δυσάρεστο, λιπόσαρκο ἀνθρωπάκι, μέ κατσουφιασμένο πρόσωπο, πού δέν θά τό ἐμπιστευόμουν μέ τίποτα. Ἦταν ντυμένος εὐρωπαϊκά, ἀλλά τό κοστούμι του φαινόταν βρώμικο καί μποροῦσες νά διαγνώσεις πώς ἡ βρώμα αὐτή ἦταν μιά ἀσυνήθιστη σύνθεση ἀπό σκόνη τοῦ δρόμου καί ζάχαρη.

'Ο πατέρας δέν ἦταν μακριά, καί ἔστειλαν νά τόν φωνάξουν. Στό μεταξύ, ὅπως τό 'χουν ἐδῶ ἔθιμο, μοῦ ἑτοίμασαν ἕνα τσάι μέντας. Μπροστά στήν συντριπτική δύναμη γλυκύτητας τοῦ μαγαζιοῦ, ἡ ἰδέα νά τό πιῶ μοῦ ἔφερνε ἐλαφριά ναυτία. 'Ο 'Ηλίας ἐξήγησε στά ἀραβικά ὅτι ἤμουν ἀπό τό Λονδίνο. Ἕνας κύριος, μέ εὐρωπαϊκό καπέλο στό κεφάλι, πού τόν εἶχα πάρει γιά πελάτη, ἔκανε δύο βήματα πρός ἐμένα καί εἶπε ἀγγλικά: «Εἶμαι Βρετανός». Ἦταν Ἑβραῖος ἀπό τό Γιβραλτάρ καί δέν μιλοῦσε ἄσχημα τά ἀγγλικά του. Ρώτησε γιά τίς δουλειές μου καί, μιά καί δέν εἶχα τίποτα νά πῶ, ξαναεῖπα τήν παλιά ἱστορία γιά τήν ταινία.

Εἴχαμε συζητήσει λίγο, κι ἐγώ ρουφοῦσα τό τσάι, ὅταν ἦρθε ὁ πατέρας. Ἦταν ἕνας ἐπιβλητικός ἄντρας, μέ μιά ὡραία λευκή γενειάδα. Φοροῦσε σκούφια καί ἔνδυμα μέ τόν τρόπο τῶν Μαροκινῶν Ἑβραίων. Εἶχε ἕνα μεγάλο στρογγυλό κεφάλι, μέ πλατύ μέτωπο, ἀλλά αὐτό πού μοῦ χτύπησε περισσότερο, ἦταν τά γελαστά του μάτια. Ὁ Ἠλίας στάθηκε κοντά του καί εἶπε μέ μιά τελετουργική κίνηση τῶν χεριῶν:

«Je vous présente mon père.»

Ποτέ ὥς τώρα δέν εἶχε πεῖ κάτι μέ τόση σοβαρότητα καί πεποίθηση. Ἡ λέξη «père» ἀκουγόταν στό στόμα του πραγματικά μεγαλόπρεπη καί ποτέ δέν θά εἶχα σκεφθεῖ πώς ἕνας τόσο κουτός ἄνθρωπος θά μποροῦσε νά ἀγγίξει τέτοια μεγαλοπρέπεια. «Père» ἀκουγόταν ἀκόμα πιό σημαντικό ἀπό Ἀμερικάνος, καί χαιρόμουν, γιατί δέν ἔμενε τίποτα ἀπό τό «διοικητής».

Ἔσφιξα το χέρι τοῦ ἄντρα καί ἀντίκρισα τό γελαστό του μάτι. Ρώτησε τόν γιό, ἀραβικά, γιά τήν καταγωγή μου καί τό ὄνομά μου. Μιά καί δέν ἤξερε λέξη γαλλικά, στήθηκε ὁ γιός ἀνάμεσά μας καί ἔγινε —παρά τόν τρόπο του, πολύ ζωντανός— διερμηνέας μας. Ἐξήγησε ἀπό ποῦ ἐρχόμουν καί ὅτι ἤμουν Ἑβραῖος· εἶπε καί τό ὄνομά μου. Ἔτσι πού τό εἶπε, μέ τήν ἄτονη, χωρίς ἄρθρωση, φωνή του, ἀκούστηκε σάν τίποτα.

«Ἐ-λί-ας Κα-νέ-τι;», ἐπανέλαβε ὁ πατέρας, ρωτώντας καί ἀπορώντας. Εἶπε τό ὄνομα μερικές φορές μόνος του, ξεχωρίζοντας μία-μία τίς συλλαβές. Στό στόμα του ἔγινε τό ὄνομα πιό σπουδαῖο καί πιό ὄμορφο. Λέγοντας, δέν κοίταζε ἐμένα, ἔβλεπε μπροστά του, σάν νά ἦταν τό ὄνομα πιό πραγματικό ἀπό μένα καί σάν νά ἄξιζε νά τό ψάξεις. Ἄκουγα ἔκπληκτος καί συγκινημένος. Μέ τόν τραγουδιστό του τρόπο μοῦ φάνηκε τό ὄνομά μου σάν νά ἀνῆκε σέ μιά ἰδιαίτερη γλώσσα, πού δέν γνώριζα. Τό ζύγισε μεγαλόκαρδα τέσσερις-πέντε φορές· ἦταν σάν νά ἄκουγα τόν ἦχο ἀπό τά βαρίδια. Δέν ἔνιωθα ἀνησυχία, δέν ἦταν δικαστής. Ἤξερα πώς θά ἔβρισκε τό νόημα καί τή βαρύτητα τοῦ ὀνόματός μου. Ὅταν τελείωσε, σήκωσε τά μάτια καί μοῦ γέλασε μέσα στά δικά μου.

Στεκόταν τώρα ἐκεῖ, σάν νά 'θελε νά πεῖ: Τό ὄνομα εἶναι καλό —ἀλλά δέν εἶχε γλώσσα γιά νά μοῦ τό πεῖ. Τό διάβασα στό πρόσωπό του καί ἔνιωσα μιά ὑπέρμετρη ἀγάπη γι' αὐτόν. Ποτέ δέν θά εἶχα τολμήσει νά τόν φανταστῶ ἔτσι, ὅπως ἦταν. Ὁ ἠλίθιος γιός του, ὁ κατσούφης ἀδερφός του, ἦταν καί οἱ δύο ἀπό ἕναν ἄλλο κόσμο· μόνο ὁ ρολογάς εἶχε κληρονομήσει κάτι ἀπό τό παράστημά του. Ὅμως, αὐτός δέν ἦταν παρών· κάτω ἀπό ὅλη αὐτή τή ζάχαρη, δέν ὑπῆρχε χῶρος γιά ἄλλον. Ὁ Ἠλίας περίμενε κάποια λόγια ἀπό μένα, νά τά μεταφράσει. Δέν εἶπα τίποτα. Ἔμεινα ἐντελῶς βουβός, ἀπό σεβασμό, ἀλλά ἴσως καί γιά νά μή σπάσω τό θαυματουργό ξόρκι τοῦ τραγουδισμένου ὀνόματος. Ἔτσι, σταθήκαμε ἀπέναντι μερικές μακριές στιγμές. Ἄν μπορεῖ μόνο νά καταλάβει, σκεπτόμουν, γιατί δέν μπορῶ νά πῶ τίποτα, ἄν μόνο τά μάτια μου μποροῦσαν νά γελᾶνε σάν τά δικά του! Θά ἦταν ἀναξιοπρεπές νά ἐμπιστευθοῦμε κάτι ἄλλο σ' αὐτόν τόν διερμηνέα, κανένας διερμηνέας δέν μοῦ φαινόταν ἀρκετά καλός γι' αὐτόν.

Περίμενε ὑπομονετικά, ὅση ὥρα ἐγώ σιωποῦσα ἐπίμονα. Τέλος, κάτι σάν στενοχώρια πέρασε πάνω ἀπό τό μέτωπό του καί εἶπε μιά ἀραβική φράση στόν γιό του, πού δίστασε λίγο πρίν τή μεταφράσει.

«Ὁ πατέρας μου σᾶς παρακαλεῖ νά τόν συγχωρήσετε, γιατί πρέπει τώρα νά ἀποσυρθεῖ.»

Ἔγνεψα μέ τό κεφάλι· ἐκεῖνος μοῦ ἔδωσε τό χέρι. Χαμογέλασε καί φάνηκε σάν νά εἶχε τώρα νά κάνει κάτι πού δέν τοῦ ἄρεσε· σίγουρα ἦταν δουλειά. Μετά ἀπέστρεψε τό πρόσωπό του ἀπό μένα καί ἐγκατέλειψε τό κατάστημα.

Περίμενα μερικές στιγμές καί ὕστερα βγῆκα μέ τόν Ἠλία στό δρόμο. Τοῦ εἶπα πόσο μοῦ εἶχε ἀρέσει ὁ πατέρας του. «Εἶναι μεγάλος σοφός», ἀπάντησε, γεμάτος σεβασμό, καί τέντωσε τά δάχτυλα τοῦ ἀριστεροῦ χεριοῦ ψηλά —ὅπου καί, ἐκφραστικά, τά ἄφησε νά αἰωροῦνται. «Ὅλη νύχτα διαβάζει».

Ἀπό κείνη τή μέρα, ὁ Ἠλίας εἶχε κερδίσει μέ μένα τό παιχνίδι. Πρόθυμα ἐκπλήρωνα ὅλες τίς μικρές φορτικές ἐπιθυμίες του, γιατί ἦταν γιός αὐτοῦ τοῦ ὑπέροχου ἄντρα. Λυπόμουν πού δέν ἐπιθυμοῦσε τίποτ' ἄλλο, γιατί τώρα δέν ὑπῆρχε τίποτα πού δέν θά ἔκανα γι' αὐτόν. Πῆρε τρία ἀγγλικά γράμματα πού ἐπαινοῦσαν, ὥς τόν οὐρανό, τόν ζῆλο του, τήν ἀξιοπιστία του καί τήν ἐντιμότητά του —ναί, ἀκόμα καί τό ἀναντικατάστατό του, ἄν τύχαινε νά δουλέψει κάπου. Ὁ νεώτερος ἀδερφός του Σίμων, πού οὔτε τόν ἤξερα, δέν ἦταν λιγότερο ἄξιος, σέ ἄλλο χῶρο. Οἱ διευθύνσεις καί τῶν δύο ἀδερφῶν στή Μέλλα εἶχαν παραλειφθεῖ.

Στήν κεφαλίδα καί τῶν τριῶν ἐπιστολῶν ἔλαμπε τό ὄνομα τοῦ ξενοδοχείου. Καί τά τρία, ὅμως, εἶχαν ὑπογραφεῖ, ἀπό τόν Ἀμερικάνο φίλο μου, μέ μαῦρο —καί πιθανότατα ἀνεξίτηλο— μελάνι. Γιά νά κάνουμε κάτι παραπάνω, εἶχε προσθέσει τή διεύθυνση στήν πατρίδα του καί τόν ἀριθμό τοῦ διαβατηρίου του. Ὅταν ἐξήγησα στόν Ἠλία αὐτό τό μέρος τῆς ἐπιστολῆς, ἔγινε σχεδόν δύσπιστος ἀπό τήν πολλή εὐτυχία.

Μοῦ διαβίβασε μία πρόσκληση τοῦ πατέρα του γιά τό Πουρεΐμ: Ἄν θά 'θελα νά γιορτάσω μαζί τους, οἰκογενειακά, τή γιορτή. Ἀρνήθηκα μέ ἐγκάρδιες εὐχαριστίες. Φαντάστηκα τήν ἀπογοήτευση τοῦ πατέρα, ὅταν θά διαπίστωνε πόσο ἀγνοοῦσα τά ἀρχαῖα ἔθιμα. Θά ἔκανα στά περισσότερα λάθος καί θά 'λεγα τίς προσευχές σάν ἄνθρωπος πού ποτέ δέν προσεύχεται. Ντρεπόμουν τόν γέροντα, πού ἀγαποῦσα, καί ἤθελα νά τόν ἀπαλλάξω ἀπό μιά τέτοια στενοχώρια. Προφασίστηκα δουλειά, καί τό ἄντεξα νά ἀποποιηθῶ τήν πρόσκληση καί νά μήν τόν ξαναδῶ ποτέ. Μοῦ φτάνει πού τόν εἶδα μία φορά.

Παραμυθάδες καί γραφιάδες

Τόν περισσότερο κόσμο τόν ἔχουν οἱ παραμυθάδες. Γύρω τους σχηματίζονται οἱ πυκνότεροι, ἀλλά καί πιό μόνιμοι, κύκλοι ἀνθρώπων. Οἱ παρουσιάσεις τους κρατᾶνε ὥρα πολλή. Σέ ἕνα ἐσωτερικό κύκλο κάθονται χάμω, σταυροπόδι, οἱ ἀκροατές καί δέν ἔχουν σηκωμό. Ἄλλοι ὄρθιοι, σχηματίζουν ἕναν ἐξωτερικό κύκλο· καί αὐτοί οὔτε πού σαλεύουν, κρέμονται μαγεμένοι ἀπό τά λόγια καί τίς χειρονομίες τοῦ παραμυθᾶ. Μερικές φορές εἶναι δύο πού ἀπαγγέλλουν ἐκ περιτροπῆς. Τά λόγια τους ἔρχονται ἀπό πολύ μακριά καί μένουν νά αἰωροῦνται στόν ἀέρα περισσότερη ὥρα ἀπό τά λόγια τῶν ἁπλῶν ἀνθρώπων. Δέν καταλάβαινα λέξη κι ὅμως πάντα στεκόμουν, ἴδια γοητευμένος, σέ ἀκτίνα ἀκοῆς. Ἦταν λόγια χωρίς καμιά σημασία γιά μένα, ἐκτοξευμένα μέ ὁρμή καί φλόγα: Ἦταν πολύτιμα γι' αὐτόν πού τά ἔλεγε κι ἐκεῖνος ἔνιωθε περήφανος. Τά ταξινομοῦσε σύμφωνα μέ ἕνα ρυθμό, πού μοῦ φαινόταν πολύ προσωπικός. Ὅταν κόμπιαζε, ἡ συνέχεια ξεπηδοῦσε μέ περισσότερη δύναμη καί ἀνάταση. Μποροῦσα νά νιώσω τήν ἐπισημότητα ὁρισμένων λόγων καί τήν ὕπουλη πρόθεση ἄλλων. Οἱ κολακεῖες μέ εὐχαριστοῦσαν, σάν νά ἀφοροῦσαν ἐμένα· σέ κινδύνους τρόμαζα. Ὅλα ἦταν τιθασευμένα. Οἱ πιό κραταιές λέξεις πετοῦσαν, ἀκριβῶς, τόσο μακριά, ὅσο ἤθελε ὁ παραμυθάς. Ὁ ἀέρας, πάνω ἀπό τούς ἀκροατές, ἦταν τρικυμισμένος· ἀκόμα καί ἕνας πού καταλάβαινε τόσο λίγο, ὅσο ἐγώ, ἔνιωθε ζωή πάνω ἀπό τίς κεφαλές τῶν ἀκροατῶν.

Τιμώντας τούς λόγους τους, οἱ παραμυθάδες ἦταν ντυμένοι μέ χτυπητό τρόπο. Τά ροῦχα τους ξεχώριζαν πάντα ἀπό αὐτά τῶν ἀκροατῶν· πότε ὁ ἕνας, πότε ὁ ἄλλος, ἐμφανίζονταν σέ μπλέ ἤ καφέ βελοῦδο. Ἔδιναν τήν ἐντύπωση ὑψηλῶν, ἀλλά καί παραμυθένιων, προσώπων. Σπάνια ἔριχναν ἕνα βλέμμα στούς ἀνθρώπους πού τούς περιστοίχιζαν. Κοίταζαν τούς ἥρωες καί πρωταγωνιστές τους. Ἄν ἔπεφτε τό μάτι τους σέ κάποιον, πού ἦταν ἐκεῖ μέ καθημερινό τρόπο, θά 'πρεπε αὐτός νά νιώσει ἄσημος ὅπως ὁποιοσδήποτε ἄλλος. Οἱ ξένοι δέν ὑπῆρχαν καθόλου γι' αὐτούς, δέν ἀνῆκαν στό βασίλειο τῶν λόγων τους. Στήν ἀρχή, δέν μποροῦσα νά πιστέψω πώς τούς ἐνδιέφερα τόσο λίγο —ἦταν πολύ ἀσυνήθιστο, γιά νά 'ταν ἀληθινό. Ἔτσι, στεκόμουν πολύ περισσότερη ὥρα, ἔμενα ἀκόμα κι ὅταν μέ τραβοῦσαν ἄλλοι ἦχοι αὐτῆς τῆς πληθωρικῆς, σέ ἤχους, πλατείας —ἀλλά δέν μοῦ δόθηκε σημασία, ἀκόμα κι ἀφοῦ εἶχα ἀρχίσει νά νιώθω σχεδόν σάν στό σπίτι μου, μέσα στόν μεγάλο κύκλο. Ὁ παραμυθάς μέ εἶχε προσέξει, φυσικά, ἀλλά γι' αὐτόν παρέμενα ἕνας ξένος στόν μαγικό του κύκλο, ἐπειδή δέν τόν καταλάβαινα.

Συχνά, θά ἔδινα πολλά, γιά νά τούς καταλάβω, καί ἐλπίζω νά ἔρθει μιά μέρα πού νά μπορέσω νά τιμήσω αὐτούς τούς πλανόδιους ἀφηγητές, ὅπως τούς ἀξίζει. Ἤμουν ὅμως καί εὐχαριστημένος πού δέν καταλάβαινα. Ἔμειναν γιά μένα μιά νησίδα παλιᾶς καί ἀνέγγιχτης ζωῆς. Ἡ γλώσσα τους, ἦταν γι' αὐτούς τόσο σημαντική, ὅσο γιά μένα ἡ διακή μου. Οἱ λέξεις ἦταν ἡ δική τους τροφή καί δέν ἄφηναν κανένα νά τούς παρασύρει νά τήν ἀλλάξουν μέ καλύτερη. Ἤμουν περήφανος γιά τή δύναμη τῆς ἀφήγησης πού ἐξασκοῦσαν πάνω στούς ὁμόγλωσσούς τους. Μοῦ φαίνονταν σάν ἀρχαιότεροι καί καλύτεροι ἀδερφοί μου. Σέ εὐτυχισμένες στιγμές ἔλεγα μέσα μου: Καί ἐγώ μπορῶ νά μαζέψω ἀνθρώπους γύρω μου καί νά τούς ἀφηγηθῶ. Καί ἐμένα θά μέ ἄκουγαν. 'Αντί νά γυρίζω ἀπό τόπο σέ τόπο, μή γνωρίζοντας ποιόν θά βρῶ, ποιανοῦ τά αὐτιά θά ἀνοιχτοῦν γιά μένα, ἀντί μέ ἀπόλυτη ἐμπιστοσύνη νά ἀναβιώνω τό παραμύθι μου, τάχτηκα στό χαρτί. Προστατευμένος ἀπό πόρτες καί τραπέζια ζῶ τώρα, ἐγώ, ἕνας δειλός ὀνειρευτής, ἐνῶ αὐτοί, στή δίνη τῆς ἀγορᾶς, μέσα σέ ἑκατοντάδες ξένα πρόσωπα, ἀλλάζοντας κάθε μέρα, χωρίς νά 'ναι φορτωμένοι μέ ψυχρή καί περιττή γνώση, χωρίς βιβλία, φιλοδοξία καί κούφια ὑπόληψη. Σπάνια ἔνιωσα ἄνετα, ἀνάμεσα στούς ἀνθρώπους πού, στίς χῶρες μας, ζοῦν ἀπό τή λογοτεχνία. Τούς περιφρονοῦσα, γιατί περιφρονοῦσα κάτι καί σέ μένα· πιστεύω πώς αὐτό τό κάτι εἶναι τό χαρτί. 'Εδῶ βρῆκα, ξαφνικά, ποιητές πού μποροῦσα νά τούς θαυμάσω, γιατί ποτέ δέν ὑπῆρξε μία λέξη τους π ο ύ ν ά δ ι α β ά ζ ε τ α ι.

Ὡστόσο, στήν κοντινή γειτονιά, στήν ἴδια πλατεία,

ἀναγκάστηκα ν' ἀναγνωρίσω πόσο εἶχα ἁμαρτήσει μέ τό χαρτί. Μερικά βήματα πέρα ἀπό τούς παραμυθάδες, εἶχαν τή θέση τους οἱ γραφιάδες. Εἶχε πολύ ἡσυχία γύρω τους, ἦταν τό πιό ἥσυχο μέρος τῆς Τζέμα ἐλ Φνά. Οἱ γραφιάδες δέν ἐγκωμίαζαν τήν τέχνη τους. Κάθονταν ἐκεῖ σιωπηλοί, μικρόσωμοι, ἀδύνατοι ἄνθρωποι, μέ τά γραφικά τους ἐργαλεῖα μπροστά τους, καί ποτέ δέν ἔδιναν τήν ἐντύπωση πώς περίμεναν πελάτες. Ὅταν σήκωναν τά μάτια, σέ παρατηροῦσαν χωρίς ἰδιαίτερη περιέργεια καί σύντομα πάλι ἀπέστρεφαν τό βλέμμα. Οἱ πάγκοι τους ἦταν τοποθετημένοι σέ κάποια ἀπόσταση μεταξύ τους, ἔτσι πού νά μήν ἀκούει κανείς ἀπό τόν ἕνα γραφιά στόν ἄλλο. Οἱ ταπεινότεροι ἤ, ἴσως, οἱ πιό ἀρχαιοπρεπεῖς ἀνάμεσά τους, κάθονταν σταυροπόδι στό χῶμα. Ἐδῶ συλλογίζονταν ἤ ἔγραφαν σέ ἕναν κόσμο διακριτικό, τριγυρισμένο, ἀλλά καί ἀποκομμένο ἀπό τόν θόρυβο τῆς πλατείας. Ἦταν σάν νά τούς συμβουλευόταν κανείς γιά κρυφά βάσανα —καί ἐπειδή αὐτό γινόταν δημόσια, ὅλοι τους εἶχαν συνηθίσει νά δείχνουν ἀμελητέοι. Οἱ ἴδιοι, σχεδόν δέν ὑπῆρχαν, ἐδῶ μετροῦσε μόνον ἕνα: Ἡ σιωπηλή ἀξιοπρέπεια τοῦ χαρτιοῦ.

Ἔρχονταν μοναχικοί ἄντρες σ' αὐτούς ἤ ζευγάρια. Μία φορά εἶδα δύο πεπλοφόρες γυναῖκες νά κάθονται μπροστά στό γραφιά καί σχεδόν ἀδιόρατα νά κουνᾶνε τά χείλη —ἐνῶ αὐτός ἔγνεφε μέ τό κεφάλι καί, σχεδόν ἐξίσου ἀδιόρατα, ἔγραφε. Μιά ἄλλη φορά παρατήρησα μία ὁλόκληρη οἰκογένεια, σέ ὅλα περήφανη καί εὐυπόληπτη.

Τήν ἀποτελοῦσαν τέσσερα πρόσωπα, πού εἶχαν καθίσει σέ δύο μικρούς πάγκους, σέ ὀρθή γωνία πρός τό γραφιά.

Ὁ πατέρας ἦταν ἕνας γέρος, στιβαρός, θαυμαστά καλοφτιαγμένος Βερβερίνος, στό πρόσωπο τοῦ ὁποίου μποροῦσες νά διαβάσεις ὅλα τά σημάδια τῆς πείρας καί τῆς σοφίας. Προσπάθησα νά ζωγραφίσω στό νοῦ μου μιά κατάσταση ζωῆς, πού νά μήν μποροῦσε νά τήν ἀντιμετωπίσει —καί δέν μπόρεσα. Ἐδῶ, βρισκόταν στή μοναδική κατάσταση, ὅπου χρειαζόταν βοήθεια. Δίπλα του, ἡ γυναίκα του, παρόμοια ἐντυπωσιακή στό παράστημά της —γιατί ἀπό τό καλυμμένο της πρόσωπο φαίνονταν μόνο τά τεράστια, κατάμαυρα μάτια της— καί στόν πάγκο, δίπλα, δύο νέες, ἐξίσου καλυμμένες, κόρες. Ὅλοι στημένοι ἴσιοι καί πολύ ἐπίσημοι.

Ὁ γραφιάς, πού ἦταν πολύ πιό μικρόσωμος, ἀποδεχόταν τόν σεβασμό τους. Τά χαρακτηριστικά του πρόδιδαν μιά λεπτότατη προσοχή καί αὐτή τήν ἔνιωθες ἐξίσου, ὅπως τήν προκοπή καί τήν ὀμορφιά τῆς οἰκογένειας. Τούς κοιτοῦσα ἀπό κοντινή ἀπόσταση, χωρίς νά ἀκούω λέξη, χωρίς νά ἀντιλαμβάνομαι οὔτε μία κίνηση. Ὁ γραφιάς δέν εἶχε ἀκόμα ἀρχίσει τήν πραγματική του δουλειά. Εἶχε ἀφήσει νά τοῦ ἐκθέσουν τό πρόβλημα καί στοχαζόταν τώρα πῶς θά μποροῦσε νά τό ἐκφράσει καλύτερα, μέ τίς λέξεις τοῦ γραπτοῦ λόγου. Ἡ ὁμάδα φαινόταν τόσο ἑνιαία, σάν νά γνωρίζονταν ἀπό πάντα καί οἱ πέντε, σάν νά κάθονταν ἀνέκαθεν στήν ἴδια θέση.

Δέν ἀναρωτήθηκα καθόλου γιατί εἶχαν ἔρθει —τόσο πολύ ἀνῆκαν ὁ ἕνας στόν ἄλλο— καί μόνο πολύ ἀργότερα, ὅταν δέν βρισκόμουν πιά στήν πλατεία, ἄρχισε νά μέ ἀπασχολεῖ τό ἐρώτημα: Ποιός, ἀλήθεια, μποροῦσε νά εἶναι ὁ λόγος, πού ἔκανε ἀναγκαία τήν παρουσία μιᾶς ὁλόκληρης οἰκογένειας μπροστά στόν γραφιά;

Τό διάλεγμα τοῦ ψωμιοῦ

Τό βράδυ, ὅταν εἶχε κιόλα σκοτεινιάσει, πήγαινα σ' ἐκεῖνο τό μέρος τῆς Τζέμα ἐλ Φνά, ὅπου οἱ γυναῖκες πουλοῦσαν ψωμί. Σέ μιά μακριά σειρά, κάθονταν σταυροπόδι, τό πρόσωπο τόσο καλά καλυμμένο, πού δέν ἔβλεπες παρά μόνο τά μάτια. Καθεμιά εἶχε ἕνα καλάθι μπροστά της, σκεπασμένο μέ ἕνα πανί καί ἐπάνω του ἦταν ἁπλωμένα γιά πούλημα τά ἐπίπεδα, στρογγυλά ψωμιά. Περνοῦσα, πολύ συχνά, μπροστά στή σειρά καί παρατηροῦσα τίς γυναῖκες καί τά ψωμιά. Ἦταν, οἱ περισσότερες, ὥριμες γυναῖκες καί τό σχῆμα τους εἶχε κάτι ἀπό τά ψωμιά. Ἡ μυρωδιά τους μοῦ ἀνέβαινε στά ρουθούνια καί, μαζί, δεχόμουν καί τό βλέμμα ἀπό τά μαῦρα μάτια. Ὅλες οἱ γυναῖκες μέ παρατήρησαν· γιά ὅλες ἤμουν ὁ ξένος πού ἦρθε ν' ἀγοράσει ψωμί, ἀλλά αὐτό πρόσεχα νά μήν τό κάνω, γιατί ἤθελα νά περπατήσω τή σειρά ὥς τό τέλος, καί χρειαζόμουν μία πρόφαση.

Καμιά φορά καθόταν ἀνάμεσά τους μία νέα γυναίκα. Τά ψωμιά φαίνονταν πολύ στρογγυλά γι' αὐτήν, σάν νά μήν τά εἶχε φτιάξει, καί τά βλέμματά της ἦταν ἀλλιώτικα. Καμιά —νέα ἤ γριά— δέν ἔμενε ἀργή γιά πολύ. Γιατί, ἀπό καιρό σέ καιρό, ἔπαιρνε ἡ καθεμία ἕνα καρβέλι ψωμί, μέ τό δεξί, τό πέταγε ἐλαφρά πρός τά πάνω, τό ἔπιανε πάλι, τό κουνοῦσε πάνω-κάτω μέ τό χέρι, σάν νά τό ζύγιζε, τό χτυποῦσε μιά-δυό φορές ἔτσι πού ν' ἀκουστεῖ καί, μετά ἀπ' ὅλα αὐτά τά χάδια, τό ἀκουμποῦσε πάλι πάνω στά ἄλλα ψωμιά. Ἔτσι, τό ἴδιο τό καρβέλι —ἡ φρεσκάδα του, τό βάρος του, τό ἄρωμά του— προσφέρονταν γιά πούλημα. Κάτι τό γυμνό καί τό ἑλκυστικό εἶχαν αὐτά τά ψωμιά· τό ἔπαιρναν ἀπό τά ζωντανά χέρια αὐτῶν τῶν γυναικῶν, πού δέν εἶχαν τίποτε ἀκάλυπτο, ἔξω ἀπό τά μάτια τους. «Αὐτό μπορῶ νά σοῦ δώσω ἀπό μένα, πάρ' το στό χέρι σου, ἦταν μέσα στό δικό μου».

Ἄντρες περνοῦσαν ἀπό ἐκεῖ μέ τολμηρά βλέμματα καί, ὅταν κάποιος ἔβρισκε κάτι πού τοῦ ἄρεσε, σταματοῦσε κι ἔπαιρνε ἕνα καρβέλι στό δεξί. Τό πετοῦσε ἐλαφρά πρός τά πάνω, τό ἔπιανε πάλι, τό κουνοῦσε πάνω-κάτω, τό χέρι του, σάν πιάτο παλάντζας, χτυποῦσε μιά-δυό φορές τό καρβέλι, ἔτσι πού ν' ἀκουστεῖ, καί τό ἀκουμποῦσε —ἄν τό ἔβρισκε ἐλαφρύ ἤ δέν τοῦ ἄρεσε γιά ἄλλους λόγους— πάνω στ' ἄλλα.

Καμιά φορά, ὅμως, τό κρατοῦσε καί ἔνιωθες τό καμάρι τοῦ καρβελιοῦ, καθώς ἔβγαζε ἕνα ἰδιαίτερο ἄρωμα. Ὁ ἄντρας ἔχωνε τό ἀριστερό του χέρι κάτω ἀπό τήν κελεμπία του, ἔβγαζε ἕνα μικροσκοπικό νόμισμα, πού ἦταν σχεδόν ἀόρατο μπροστά στά μεγάλα σχήματα τοῦ ψωμιοῦ, καί τό πετοῦσε στή γυναίκα. Μετά ἐξαφανιζόταν καί τό καρβέλι μέσα στήν κελεμπία, δέν μποροῦσες πιά νά δεῖς ποῦ κρυβόταν, καί ὁ ἄντρας ἔφευγε.

Ἡ συκοφαντία

Τά ζητιανάκια προτιμοῦσαν νά στήνονται κοντά στό ἑστιατόριο «Κουτουμπίγια». Ἐκεῖ τρώγαμε ὅλοι, τόσο τό μεσημέρι ὅσο καί τό βράδυ, καί ἤξεραν πώς ἔτσι δέν θά τούς ξεφεύγαμε. Γιά τό ἑστιατόριο, πού ἤθελε νά κρατήσει τό καλό του ὄνομα, τά παιδιά αὐτά δέν ἦταν ἐπιθυμητό κόσμημα. Ὅταν ἔρχονταν πολύ κοντά στήν πόρτα, ὁ ἰδιοκτήτης τά κυνηγοῦσε. Ἦταν πιό βολικό γι' αὐτά νά στέκονται στήν ἀπέναντι γωνία καί, μόλις ἔβλεπαν ἐμᾶς, πού ἐρχόμασταν γιά φαΐ, σέ μικρές ὁμάδες τῶν τριῶν ἤ τεσσάρων, νά μᾶς περικυκλώνουν βιαστικά.

Μερικοί, πού ζοῦσαν ἤδη μῆνες στήν πόλη, εἶχαν βαρεθεῖ νά δίνουν καί προσπαθοῦσαν νά τά διώξουν. Ἄλλοι δίσταζαν, πρίν νά τούς δώσουν κάτι, γιατί ντρέπονταν τούς γνωστούς τους γι' αὐτή τήν ἀδυναμία τους. Ἐπιτέλους, ἔπρεπε κανείς κάποτε νά μάθει νά ζεῖ ἐδωπέρα καί οἱ μόνιμοι Γάλλοι κάτοικοι ἔδιναν τό —καλό ἤ κακό, ὅπως τό πάρεις— παράδειγμα: Εἶχαν σάν ἀρχή νά μή βάζουν τό χέρι στήν τσέπη γιά ζητιάνο, καί ὑπερηφανεύονταν, κιόλας, γιά τή χοντροπετσιά τους. Ἤμουν ἀκόμα φρέσκος καί, σάν νά λέμε, νέος στήν πόλη. Μοῦ ἦταν ἀδιάφορο τί σκέπτονταν γιά μένα. Ἔστω κι ἄν μέ ἔπαιρναν γιά χαζό, ἀγαποῦσα τά παιδιά.

Ἄν, καμιά φορά, μέ ἔχαναν, ἤμουν δυστυχισμένος καί τά ἀναζητοῦσα ἐγώ, χωρίς νά τό δείξω. Μοῦ ἄρεσαν οἱ ζωηρές χειρονομίες, τά μικρά δάχτυλα μέ τά ὁποῖα ἔδειχναν τό στόμα τους, ὅταν μέ παραπονεμένο ὕφος κλαψούριζαν «manger! manger!», οἱ ἀφάνταστα θλιμμένες γκριμάτσες τους, σάν νά κατέρρεαν ἀπό ἀδυναμία καί πείνα. Μοῦ ἄρεσε τό παράφορο ξέσπασμά τους, μόλις ἔπαιρναν κάτι, ὁ γελαστός ζῆλος μέ τόν ὁποῖο ἔτρεχαν μακριά, μέ τά φτωχικά τους λάφυρα στό χέρι, καί ἡ ἀπίστευτη ἀλλαγή στά πρόσωπά τους —ἀπό ἑτοιμοθάνατα γίνονταν, ξαφνικά, πανευτυχή. Μοῦ ἄρεσαν τά μικρά τους τεχνάσματα, ὅταν μοῦ κουβαλοῦσαν βυζανιάρικα μωρά καί τέντωναν τά μικροσκοπικά καί σχεδόν ἀναίσθητα χεράκια τους, ζητιανεύοντας ἔτσι «καί γι' αὐτόν, manger! manger!», γιά νά διπλασιάσουν τό δόσιμο. Δέν ἦταν λίγα τά παιδιά, προσπαθοῦσα νά εἶμαι δίκαιος, ἀλλά, φυσικά, εἶχα τά ἀγαπημένα μου ἀνάμεσά τους, αὐτά πού τά πρόσωπά τους εἶχαν τέτοια ὀμορφιά καί ζωντάνια, πού δέν χόρταινα νά τά βλέπω. Μέ ἀκολουθοῦσαν ὥς τήν πόρτα τοῦ ἑστιατορίου, αἰσθάνονταν σιγουριά κάτω ἀπό τήν προστασία μου. Ἤξεραν πώς τά συμπαθοῦσα καί τά τραβοῦσε νά βρεθοῦν κοντά σ' αὐτό τόν παραμυθένιο τόπο, πού τούς ἦταν ἀπαγορευμένος κι ὅπου τρωγόταν τόσο φαγητό.

Ὁ ἰδιοκτήτης, ἕνας Γάλλος μέ στρογγυλή φαλάκρα καί μάτια σάν μυγόχαρτο, πού εἶχε γιά τούς τακτικούς πελάτες του θερμές καλές ματιές, δέν μποροῦσε ν' ἀνεχθεῖ τά ζητιανάκια κοντά στό μαγαζί του. Τά κουρέλια τους δέν ἔμοιαζαν καί πολύ κομψά. Οἱ καλοντυμένοι πελάτες θά ἔπρεπε νά μποροῦν νά παραγγέλνουν ἄνετα τό ἀκριβό τους φαγητό, χωρίς νά τούς ὑπενθυμίζονται ἐκείνη τήν ὥρα ἡ πείνα καί οἱ ψεῖρες. Ὅταν, μπαίνοντας, ἄνοιγα τήν πόρτα, ἄν τύχαινε νά εἶναι κοντά, ἔριχνε μιά ματιά στόν συρφετό τῶν παιδιῶν ἀπέξω καί κουνοῦσε τό κεφάλι κακόθυμα. Ἐπειδή, ὅμως, ἀνῆκα σέ μία παρέα δεκαπέντε Ἄγγλων, πού ἔτρωγαν κάθε μέρα δύο σίγουρα γεύματα στό μαγαζί του, δέν τολμοῦσε νά μοῦ πεῖ τίποτα καί περίμενε τήν κατάλληλη εὐκαιρία, ὅταν θά μποροῦσε νά φέρει τό θέμα μέ εἰρωνεία καί κέφι.

Ἕνα μεσημέρι, πού ἦταν πολύ πνιγηρό, ἔμεινε ἀνοιχτή ἡ πόρτα τοῦ ἑστιατορίου, γιά νά φέρνει λίγο φρέσκο ἀέρα. Μαζί μέ δύο φίλους μου εἴχαμε ξεμπερδέψει ἀπό τήν ἐπιδρομή τῶν παιδιῶν καί καθήσαμε σέ ἕνα ἐλεύθερο τραπέζι, κοντά στήν ἀνοιχτή πόρτα. Τά παιδιά ἔμειναν ἀρκετά κοντά ἔξω ἀπό τήν πόρτα, μιά καί μποροῦσαν νά μᾶς βλέπουν. Ἤθελαν νά συνεχίσουν τή φιλία τους μαζί μας καί, ἴσως, νά παρακολουθήσουν τί καλά θά τρώγαμε. Μᾶς ἔκαναν νοήματα καί ἔβρισκαν ἰδιαίτερα ἀστεῖα τά μουστάκια μας. Μία, περίπου δεκάχρονη, ἡ πιό ὄμορφη ἀπ' ὅλα, πού εἶχε ἀπό καιρό προσέξει ὅτι μοῦ ἄρεσε, ἔδειχνε, πάλι καί πάλι, τήν ἐλάχιστη ἐπιφάνεια ἀνάμεσα στή μύτη της καί τό ἄνω χεῖλος καί ἔπιανε ἐκεῖ, μέ τά δύο δάχτυλα, ἕνα φανταστικό μουστάκι, πού τό ἔστριβε καί τό τράβαγε. Μ' αὐτό γελοῦσε ἀπό τήν καρδιά της —καί τά ἄλλα παιδιά μαζί.

Ὁ ἑστιάτορας ἦρθε στό τραπέζι μας, γιά νά πάρει παραγγελία, καί εἶδε τά παιδιά πού γελοῦσαν. Μέ πρόσωπο πού ἔλαμπε, μοῦ εἶπε: «Νά, παίζουν, κιόλας, τίς μικρές κοκότες!». Μέ πλήγωσε αὐτός ὁ ὑπαινιγμός —ἴσως δέν ἤθελα καί νά τόν πιστέψω, γιατί ἀγαποῦσα πραγματικά τά ζητιανάκια μου— καί ρώτησα ἀθῶα:

«Τί; Ὄχι δά, σ' αὐτή τήν ἡλικία!»

«Δέν ἔχετε ἰδέα», εἶπε. «Μέ πενήντα φράγκα μπορεῖτε νά ἔχετε ὅποια θέλετε ἀπ' αὐτές. Ἡ καθεμιά θά 'ρθει μαζί σας, πέρα στό δρόμο!»

Ἤμουν πολύ ἀγανακτισμένος καί τοῦ ἀντιμίλησα ἔντονα:

«Αὐτό δέν γίνεται, δέν εἶναι δυνατόν!».

«Δέν ξέρετε τά πράγματα ἐδῶ», εἶπε. «Θά ἔπρεπε νά ρίξετε μιά ματιά στή νυχτερινή ζωή τοῦ Μαρρακές. Ἐγώ εἶμαι καιρό ἐδῶ. Ὅταν πρωτοῆρθα, ἦταν ἡ ἐποχή τοῦ πολέμου, ἤμουν ἀκόμα ἐργένης» —ἔριξε ἕνα φευγαλέο, ἀλλά ἐπίσημο, βλέμμα στή γερασμένη σύζυγό του, πού καθόταν πάντα στό ταμεῖο— «ἤμουν τότε μέ κάτι φίλους καί τά εἴδαμε ὅλα. Μᾶς πῆγαν μιά φορά σ' ἕνα σπίτι, ὅπου, ἐνῶ ἀκόμα δέν εἴχαμε καθήσει, μᾶς περικύκλωσε ἀμέσως ἕνα πλῆθος γυμνά κοριτσάκια. Κούρνιαζαν στά πόδια μας, μᾶς κολλοῦσαν ἀπ' ὅλες τίς μεριές· δέν ἦταν μεγαλύτερα ἀπ' αὐτά, ἀπ' ἔξω, —μερικά μικρότερα».

Κούνησα δύσπιστα τό κεφάλι.

«Δέν ὑπάρχει τίποτα πού νά μήν μπορεῖς νά τό αποκτήσεις. Περνούσαμε καλά καί, συχνά, κάναμε καί τήν πλάκα μας. Μιά φορά σκαρώσαμε μιά φάρσα —μεγαλείο! Αὐτό πρέπει νά σᾶς τό διηγηθῶ. Εἴμαστε τρεῖς, τρεῖς φίλοι. Ἕνας ἀπό μᾶς πῆγε σέ μία Φατμά, στό δωμάτιό της (ἔτσι ὀνόμαζαν περιφρονητικά οἱ Γάλλοι τίς ἰθαγενεῖς γυναῖκες)· αὐτή, ὅμως, δέν ἦταν παιδί. Ἐμεῖς οἱ ἄλλοι κοιτάζαμε, ἀπό μιά τρύπα μέσα στό δωμάτιο. Πρῶτα παζάρεψε πολύ μαζί της, μετά συμφώνησαν στήν τιμή καί τῆς ἔδωσε τά λεφτά. Ἐκείνη τά ἔβαλε σέ ἕνα κομοδίνο κοντά στά κρεβάτι. Μετά ἔσβησε τό φῶς καί ξάπλωσαν καί οἱ δύο. Ἐμεῖς, ἀπέξω, τά εἴχαμε ὅλα δεῖ. Μόλις ἔγινε σκοτάδι, γλίστρησε ἕνας ἀπό μᾶς στό δωμάτιο καί σύρθηκε ὥς τό μικρό κομοδίνο. Ἔβαλε τό χέρι, μέ προσοχή, στό συρτάρι καί, ἐνῶ οἱ δύο ἔκαναν τή δουλειά τους, αὐτός πῆρε τά λεφτά. Μετά σύρθηκε γρήγορα ὥς ἔξω καί τό βάλαμε μαζί στά πόδια. Σύντομα, μᾶς ἀκολούθησε κι ὁ φίλος. Ἔτσι, εἶχε πάει τσάμπα μέ τή Φατμά. Μπορεῖτε νά φανταστεῖτε τί γέλιο κάναμε! Αὐτό εἶναι μόνον ἕνα ἀπό τά ἀστεῖα μας.»

Μπορούσαμε νά τό φανταστοῦμε, γιατί γελοῦσε μέ ὅλη του τή δύναμη, χτυπιόταν ἀπό τά γέλια καί εἶχε τό στόμα του ὀρθάνοιχτο. Δέν ξέραμε ὥς τότε πώς εἶχε ἕνα τόσο μεγάλο στόμα, ποτέ δέν τόν εἴχαμε δεῖ ἔτσι. Συνήθιζε νά κυκλοφορεῖ μέ κάποια ἀξιοπρέπεια στό ἑστιατόριό του, ἔπαιρνε τίς παραγγελίες τῶν εὐνοούμενων πελατῶν του μέ εὐπρέπεια καί ἀπόλυτα συγκρατημένος, σάν νά τοῦ ἦταν ἐντελῶς ἀδιάφορο τί παραγγέλνεις. Οἱ συμβουλές πού ἔδινε δέν ἦταν ποτέ πιεστικές καί ἠχοῦσαν σάν νά δίνονταν μόνο γιά τό ὄφελος τοῦ πελάτη. Σήμερα εἶχε χάσει κάθε ἐπιφύλαξη καί ἀγαλλόταν γιά τήν ἱστορία του. Πρέπει νά ἦταν γι' αὐτόν μιά ὑπέροχη ἐποχή. Μόνον ἕνα πράγμα ἔκανε, πού θύμιζε τή συνηθισμένη συμπεριφορά του: στά μισά τῆς ἱστορίας του, ἕνα μικρό γκαρσόνι πλησίασε τό τραπέζι μας. Τό ἔδιωξε ἀπότομα, μέ κάποια ἐντολή, γιά νά μήν ἀκούσει τί μᾶς ἔλεγε.

Ἐμεῖς, ὅμως, παγώσαμε ἀγγλοσαξονικά. Οἱ δύο μου φίλοι —ἀπό τούς ὁποίους ὁ ἕνας ἦταν νεόκοπος Ἄγγλος, ὁ ἄλλος Ἄγγλος— καί ἐγώ, πού δεκαπέντε χρόνια ζοῦσα ἀνάμεσά τους, εἴχαμε τήν ἴδια αἴσθηση περιφρονητικῆς ἀηδίας. Εἴμασταν κι ἐμεῖς ἀκριβῶς τρεῖς, περνούσαμε πολύ καλά καί, ἴσως, νιώσαμε κάπως ἔνοχοι γιά τούς ἄλλους τρεῖς, πού μέ ἑνωμένες τίς δυνάμεις τους ἐξαπάτησαν μιά φτωχιά ἰθαγενή, παίρνοντάς της τήν ἀμοιβή της. Αὐτός τά διηγήθηκε εὐτυχής καί ὑπερήφανος· ἔβλεπε μόνο τό ἀστεῖο στήν ἱστορία καί ὁ ἐνθουσιασμός του συνεχίστηκε ἀκόμα κι ὅταν ἐμεῖς χαμογελάσαμε μέ ξυνισμένα μοῦτρα καί ἀμήχανα ἐπιδοκιμάσαμε, κουνώντας τό κεφάλι.

Ἡ πόρτα ἦταν πάντα ἀνοιχτή. Τά παιδιά στέκονταν ἀπ' ἔξω, γεμάτα ὑπομονή κι ἀναμονή. Ἔνιωθαν ὅτι, ὅσο διηγόταν αὐτός, δέν θά τά ἔδιωχναν. Σκέφθηκα πώς δέν μποροῦσαν νά τόν καταλάβουν. Αὐτός, πού ἄρχισε μέ τόση περιφρόνηση γιά κεῖνα, μέσα σέ ἐλάχιστο χρόνο, ἔγινε ὁ ἴδιος ἀντικείμενο περιφρόνησης. Εἴτε τά συκοφαντοῦσε, εἴτε, πάλι, ἔλεγε τήν ἀλήθεια γι' αὐτά —κι ὅ,τι κι ἄν ἔκαναν τά παιδιά— στεκόταν τώρα χαμηλότερά τους. Καί εὐχόμουν νά ὑπῆρχε κάποιο εἶδος τιμωρίας, ὅπου αὐτός νά ἐξαρτιόταν ἀπό τή δική τους συνηγορία.

Ὁ πόθος τοῦ γαϊδάρου

Μετά τούς νυχτερινούς μου περιπάτους στά σοκάκια τῆς πόλης, συνήθιζα νά ἐπιστρέφω, περνώντας ἀπό τήν Τζέμα ἐλ Φνά. Ἦταν περίεργο νά διασχίζεις τήν πλατεία, πού τώρα βρισκόταν σχεδόν ἄδεια. Δέν ὑπῆρχαν πιά οὔτε ἀκροβάτες, οὔτε χορευτές· οὔτε γητευτές φιδιῶν οὔτε αὐτοί πού κατάπιναν φωτιές. Ἕνα ἀνθρωπάκι καθόταν σταυροπόδι, ὁλομόναχο, στή γῆ, μπροστά του ἕνα καλάθι μέ πολύ μικρά αὐγά. Γύρω του —σέ βάθος καί πλάτος— δέν ὑπῆρχε ψυχή. Ἐδῶ κι ἐκεῖ ἔκαιγαν λάμπες ἀσετυλίνης καί ἡ πλατεία εἶχε πάρει τή μυρωδιά της. Στίς παράγκες τῶν μαγείρων κάθονταν ἀκόμα μερικοί ἄντρες καί κουτάλιζαν τίς σοῦπες τους. Ἔδειχναν μοναχικοί, σάν νά μήν εἶχαν ποῦ νά πᾶνε. Στίς ἄκρες τῆς πλατείας, ἄνθρωποι ἔπεφταν νά κοιμηθοῦν. Ἄλλοι ξαπλωτοί, ἄλλοι καθιστοί, ὅλοι εἶχαν τραβηγμένες τίς κουκοῦλες τοῦ παλτοῦ τους πάνω ἀπό τό κεφάλι. Κοιμόντουσαν ἐντελῶς ἀσάλευτοι· ποτέ δέν θά φανταζόσουν πώς κάτι ἀναπνέει κάτω ἀπό τίς σκοτεινές κουκοῦλες.

Μιά νύχτα, εἶδα στή μέση τῆς πλατείας ἕναν μεγάλο, πυκνό κύκλο ἀνθρώπων, πού φωτιζόταν, μέ τόν πιό παράξενο τρόπο, ἀπό τίς λάμπες ἀσετυλίνης. Ὅλοι ἦταν ὄρθιοι. Οἱ μαῦρες σκιές στά πρόσωπα καί στίς μορφές, δίπλα στό ὀξύτατο φῶς πού ἔριχναν οἱ λάμπες, τούς ἔδιναν κάτι τό ἀπάνθρωπο καί τρομερό. Ἄκουσα τούς ἤχους δύο ντόπιων ὀργάνων καί μαζί τή φωνή ἑνός ἄντρα πού μιλοῦσε βίαια σέ κάποιον. Ὅταν πλησίασα πιό κοντά καί βρῆκα ἕνα κενό, ἀπό τό ὁποῖο μποροῦσα νά δῶ μέσα στόν κύκλο, παρατήρησα, στή μέση, ἕναν ἄντρα ὄρθιο, μέ ἕνα ραβδί στό χέρι, πού ρωτοῦσε μέ ἐπιμονή ἕναν γάιδαρο.

Ὁ γάιδαρος ἦταν ὁ πιό ταλαίπωρος ἀπό ὅλους τούς ταλαίπωρους γαϊδάρους αὐτῆς τῆς πόλης. Τά κόκαλα τρυποῦσαν τό πετσί του, ἦταν τελείως λιμασμένος, τό τρίχωμά του μαδημένο —σίγουρα, δέν ἦταν πιά σέ θέση νά σηκώσει τό παραμικρό φορτίο. Ἀναρωτιόσουν πῶς στεκόταν ἀκόμα στά πόδια του. Ὁ ἄντρας ἔκανε μαζί του ἕναν παράξενο διάλογο. Προσπαθοῦσε νά τόν πείσει γιά κάτι. Ὅπως ὁ γάιδαρος στεκόταν πεισμωμένος, τοῦ ἔκανε ἐρωτήσεις. Καί ὅπως δέν ἀπαντοῦσε, γελοῦσαν οἱ ἄντρες, οἱ φωτισμένοι, δυνατά. Ἴσως ἦταν μιά ἱστορία, στήν ὁποία ἔπαιζε ρόλο ἕνας γάιδαρος. Γιατί, μετά ἀπό πολλές κουβέντες, ἄρχισε τό θλιβερό ζωντανό νά γυρίζει ἀργάἀργά μέ τή μουσική. Τά ραβδί κρεμόταν πάντα ἀπό πάνω του. Ὁ ἄνθρωπος μιλοῦσε πιό γρήγορα καί πιό δυνατά· πραγματικά χτυπιόταν, γιά νά κάνει τόν γάιδαρο νά κινεῖται, ὅμως τά λόγια του ἀκούγονταν, σάν νά ὑποδυόταν καί αὐτός μιά κωμική μορφή. Ἡ μουσική ὅλο καί συνέχιζε, οἱ ἄντρες γύρω δέν σταματοῦσαν νά γελᾶνε καί ἔμοιαζαν μέ ἀνθρωποφάγους ἤ γαϊδουροφάγους.

Ἔμεινα μόνο λίγο καί δέν μπορῶ νά πῶ τί ἔγινε παρακάτω. Ἡ ἀποστροφή μου νίκησε τήν περιέργειά μου. Ἀπό καιρό εἶχα κλείσει στήν καρδιά μου τούς γαϊδάρους αὐτῆς τῆς πόλης. Σέ κάθε βῆμα εἶχα τήν εὐκαιρία νά ἐξανίσταμαι γιά τή μεταχείρισή τους, ἀλλά ἤμουν τελείως ἀνίκανος νά βοηθήσω. Ὅμως, τέτοια ἐλεεινή μορφή σέ πλάσμα τοῦ Θεοῦ δέν εἶχα ποτέ ξαναδεῖ καί, πηγαίνοντας σπίτι, προσπαθοῦσα νά ἠρεμήσω, λέγοντας πώς σίγουρα δέν θά ἔβγαζε τή νύχτα.

Ἡ ἄλλη μέρα ἦταν Σάββατο καί πῆγα νωρίς στήν Τζέμα. Ἦταν μία ἀπό τίς πιό πολυσύχναστες μέρες της. Θεατές, ἠθοποιοί, καλάθια καί παράγκες συνωστίζονταν· ἦταν δύσκολο ν' ἀνοίξεις δρόμο μέσα στό πλῆθος. Ἔφτασα στό σημεῖο ὅπου, τήν προηγούμενη νύχτα, στεκόταν ὁ γάιδαρος. Κοίταξα... καί δέν πίστευα στά μάτια μου: Ἦταν πάλι ἐκεῖ. Στεκόταν ὁλομόναχος. Τόν παρατηροῦσα μέ προσοχή, δέν γελιόμουν, ἦταν ὁ ἴδιος. Ὁ ἀφεντικός του, δίπλα του, συζητοῦσε φιλικά μέ κάτι ἀνθρώπους. Δέν εἶχε ἀκόμα σχηματισθεῖ ὁ κύκλος γύρω τους. Οἱ μουσικοί δέν ἦταν ἐκεῖ, ἡ παράσταση δέν εἶχε ἀκόμα ἀρχίσει. Ὁ γάιδαρος στεκόταν ἀκριβῶς ὅπως τήν περασμένη νύχτα. Τό τρίχωμά του, μέ τόν λαμπερό ἥλιο, φαινόταν ἀκόμα πιό μαδημένο. Μοῦ φάνηκε πιό θλιβερός, πιό πειναλέος καί πιό γέρος.

Ξαφνικά ἔνιωσα ἕναν ἄνθρωπο πίσω μου καί ἄκουσα στ' αὐτί μου βίαιες λέξεις, πού δέν καταλάβαινα. Γύρισα καί ἔχασα γιά μιά στιγμή τό γάιδαρο ἀπό τά μάτια μου.

Ὁ ἄντρας, πού εἶχα ἀκούσει, στριμωχνόταν μέ τό πλῆθος πάνω μου, ἀλλά ἦταν φανερό πώς δέν εἶχε ἀπειλήσει ἐμένα, ἀλλά κάποιον ἄλλο. Ξαναγύρισα πρός τόν γάιδαρο.

Δέν εἶχε κουνήσει ἀπό τή θέση του, ἀλλά δέν ἦταν πιά ὁ ἴδιος γάιδαρος. Γιατί, ἀνάμεσα στά πισινά του πόδια, λοξά πρός τά μπρός, τοῦ κρεμόταν ἕνα τερατῶδες πέος. Ἦταν πιό χοντρό ἀπό τό μπαστούνι μέ τό ὁποῖο τόν ἀπειλοῦσαν τήν προηγούμενη νύχτα. Στό ἐλάχιστο διάστημα πού εἶχα γυρίσει τό κεφάλι, εἶχε συντελεστεῖ μιά ἀκατανίκητη ἀλλαγή. Δέν ξέρω τί εἶχε δεῖ, ἀκούσει ἤ μυρίσει. Δέν ξέρω τί τοῦ εἶχε ἔρθει στό νοῦ. Ὅμως, αὐτό τό θλιβερό, γέρικο, ἀδύναμο πλάσμα, τό ἕτοιμο νά καταπέσει, πού ἔκανε μόνο γιά πεισματωμένους διαλόγους, πού τό μεταχειρίζονταν χειρότερα κι ἀπό γάιδαρο τοῦ Μαρρακές —αὐτό τό ὄν, πιό λίγο ἀπό τό τίποτα, χωρίς κρέας, χωρίς δύναμη, χωρίς τρίχωμα— εἶχε ἀκόμα τόσο πόθο μέσα του, πού καί μόνη ἡ θέα του μέ λύτρωνε ἀπό τήν ἐντύπωση τῆς ἀθλιότητάς του. Τόν σκέπτομαι συχνά. Λέω, πόσο πολύ ὑπῆρχε ἀπό αὐτόν, ἐκεῖ πού ἐγώ δέν ἔβλεπα τίποτα. Εὔχομαι σέ κάθε βασανισμένο τόν πόθο του στήν ἀθλιότητα.

«Σεχραζάτ»

Ἦταν ἰδιοκτήτρια ἑνός μικροῦ γαλλικοῦ μπάρ, πού λεγόταν «Σεχραζάτ», τό μόνο κέντρο στή Μεδίνα πού ἔμενε ἀνοιχτό ὅλη νύχτα. Πότε ἦταν ἐντελῶς ἄδειο, πότε κάθονταν ἐκεῖ τρεῖς μέ τέσσερις ἄνθρωποι. Ὅταν, ὅμως, ἦταν γεμᾶτο —συνήθως ἀνάμεσα δύο καί τρεῖς τό πρωί— ἄκουγες κάθε λέξη πού ἔλεγαν οἱ ἄλλοι πελάτες καί συνομιλοῦσες μέ ὅλους. Γιατί ὁ χῶρος ἦταν μικροσκοπικός καί, μόλις κάθονταν ἤ στέκονταν εἴκοσι ἄνθρωποι μέσα, ἔμοιαζε σάν νά πρόκειται νά ἐκραγεῖ.

Στρίβοντας τή γωνία, ἦταν ἡ ἄδεια πλατεία, ἡ Τζέμα ἐλ Φνά, οὔτε δέκα βήματα ἀπό τό μπάρ. Μεγαλύτερη ἀντίθεση δέν θά μποροῦσες νά φανταστεῖς. Γύρω ἀπό τήν πλατεία ἦταν ξαπλωμένοι φτωχοί ἄνθρωποι, κουρελῆδες, καί κοιμόντουσαν. Ταίριαζαν τόσο στόν χῶρο, πού ἔπρεπε νά προσέξεις νά μή σκοντάψεις ἀπάνω τους. Ὅποιος τέτοια ὥρα στεκόταν ὄρθιος καί περπατοῦσε στήν πλατεία, ἦταν ὕποπτος καί θά ’ταν καλύτερα νά φυλαχτεῖς ἀπ' αὐτόν. Ἡ πραγματική ζωή τῆς Τζέμας τελείωνε, σάν ἄρχιζε ἡ ζωή τοῦ μπάρ. Ὅποιος σύχναζε ἐδῶ, ἔδειχνε Εὐρωπαῖος. Ἔρχονταν Γάλλοι, Ἀμερικάνοι, Ἄγγλοι. Ἔρχονταν καί Ἄραβες. Ἀλλά αὐτοί, εἴτε ἦταν ντυμένοι εὐρωπαϊκά, εἴτε ἔπιναν, πράγμα πού μόνο του τούς ἔκανε —στά δικά τους μάτια— νά εἶναι μοντέρνοι ἄνθρωποι ἤ Εὐρωπαῖοι. Τά ποτά ἦταν πολύ ἀκριβά καί μόνο εὔποροι Ἄραβες τολμοῦσαν νά μποῦν στό μπάρ. Οἱ κουρελῆδες, πού ξάπλωναν στήν πλατεία, δέν εἶχαν τίποτα —ἤ μόνο δύο φράγκα στήν τσέπη. Οἱ πελάτες τοῦ «Σεχραζάτ» πλήρωναν ἑκατόν εἴκοσι φράγκα γιά ἕνα ποτηράκι κονιάκ —καί ἔπιναν πολλά, τό ἕνα πίσω ἀπ' τό ἄλλο. Στήν πλατεία, πρίν ν' ἀποκοιμηθεῖ, συνηθιζόταν ἡ ἀραβική μουσική —τά ραδιόφωνα θρηνοῦσαν δυνατά ἀπό κάθε κέντρο πού στεγαζόταν ἐκεῖ. Στό μπάρ δέν ὑπῆρχε παρά μόνο εὐρωπαϊκή χορευτική μουσική, ἀλλά χαμηλόφωνη, καί ὁ καθένας πού ἔμπαινε μέσα, αἰσθανόταν πολύ πολιτισμένος. Ἡ μαντάμ Μινιόν φρόντιζε νά ἔχει τά τελευταῖα σουξέ. Ἦταν ὑπερήφανη γιά τούς δίσκους της καί, περίπου μιά φορά τήν ἑβδομάδα, ἐρχόταν στό κέντρο μέ μιά νέα στοίβα πλάκες, πού μόλις εἶχε ἀγοράσει. Τίς ἔπαιζε στούς τακτικούς πελάτες της καί ἐνδιαφερόταν ζωηρά γιά τό προσωπικό γοῦστο τοῦ καθενός ἀπ' αὐτούς.

Εἶχε γεννηθεῖ στή Σαγκάη, ἀπό πατέρα Γάλλο καί μητέρα Κινέζα. Τά ματια της θά ἦταν λοξά, ἀλλά τά εἶχε διορθώσει μέ ἐγχείριση κι ἔτσι εἶχε μείνει μόνο λίγος ἀπό τόν κινέζικο τύπο της. Ποτέ δέν ἀποσιωποῦσε τήν Κινέζα μητέρα της. Εἶχε ζήσει σέ ἄλλες γαλλικές ἀποικίες, πρίν ἔρθει στό Μαρόκο· γιά μερικά χρόνια ἦταν στήν Ντουάλα. Εἶχε ἀντιρρήσεις γιά κάθε ἐθνότητα. Τόσο ἀφελεῖς καί ἀτράνταχτες προκαταλήψεις, ὅπως σ' αὐτή τή γυναίκα, δέν εἶχα ξανασυναντήσει. Μόνο γιά τούς Γάλλους καί τούς Κινέζους δέν σήκωνε κουβέντα καί πάντα πρόσθετε ὑπερήφανη: «Ἡ μητέρα μου ἦταν Κινέζα. Ὁ πατέρας μου ἦταν Γάλλος». Τόσο εὐχαριστημένη ἦταν μέ τόν ἑαυτό της καί τόσες πολλές ἀντιρρήσεις εἶχε γιάτούς πελάτες της, ἄν εἶχαν ἄλλη καταγωγή.

Κέρδισα τήν ἐμπιστοσύνη της μέ μιά μακριά συζήτηση, ὅταν, κάποια φορά, ἔμεινα μόνος μαζί της στό κέντρο. Ἅμα οἱ φίλοι μου ἀπό τήν ἀγγλική παρέα ξεχνοῦσαν, πρίν φύγουν, νά πληρώσουν τά κεράσματά τους γιά τούς ἄλλους, τά πλήρωνα ἐγώ. Ἔτσι, μέ θεωροῦσε πλούσιο —πλούσιο μέ μυστικό τρόπο, ὅπως συνηθίζεται στούς Ἄγγλους, στούς ὁποίους ὁ πλοῦτος δέν φαίνεται στά ροῦχα. Κάποιος, ἴσως γιά νά τήν κοροϊδέψει, τῆς εἶχε πεῖ πώς εἶμαι ψυχίατρος. Ἐπειδή, συχνά, καθόμουν ἥσυχος, χωρίς νά λέω λέξη —καί ἀργότερα, μόνος μαζί της, τή ρωτοῦσα λεπτομέρειες γιά τούς πελάτες— ἀποφάσισε νά πιστέψει αὐτή τή διάδοση. Δέν ἔφερα ἀντίρρηση —μοῦ πήγαινε, γιατί ἔτσι μοῦ διηγόταν περισσότερα.

Ἦταν παντρεμένη μέ τόν Μινιόν, ἕναν ψηλό, γεροδεμένο ἄντρα, πού εἶχε ὑπηρετήσει στή Λεγεώνα τῶν Ξένων καί πού ἐλάχιστα τή βοηθοῦσε στό μπάρ. Ὅταν δέν ὑπῆρχαν πελάτες, προτιμοῦσε νά κοιμᾶται, τεντωμένος, πάνω στούς πάγκους τοῦ μικροσκοπικοῦ χώρου. Μόλις, ὅμως, ἔρχονταν πελάτες πού νά τούς ξέρει, τούς ἔπαιρνε ἀπέναντι στό γαλλικό μπουρδέλο, πού λεγόταν «Ριβιέρα» καί ἀπεῖχε δύο λεπτά ἀπό τό μπάρ. Περνοῦσε ἐκεῖ, συχνά, μιά-δυό ὧρες καί γύριζε, συνήθως, πάλι μέ τούς πελάτες του. Διηγόταν στή σύζυγο ποῦ εἶχε πάει, ἔδινε ἀναφορά γιά τίς νέες κοπέλες πού εἶχαν φτάσει στό μπουρδέλο, ἔπινε κάτι καί μετά μπορεῖ καί νά ξαναπήγαινε, μέ ἄλλους πελάτες, στό «Ριβιέρα». Ἦταν ἡ λέξη πού ἀκουγόταν συχνότερα στό «Σεχραζάτ».

Ὁ μεσιέ Μινιόν εἶχε ἕνα στρογγυλό, κοιμήσικο, παιδικό πρόσωπο, πάνω ἀπό ὤμους πού ξεχείλιζαν. Γελοῦσε τεμπέλικα καί, γιά Γάλλος, μιλοῦσε ἐκπληκτικά ἀργά καί λίγο. Καί ἡ σύζυγος μποροῦσε νά σωπαίνει, εἶχε τήν εὐαισθησία της καί δέν σοῦ φορτωνόταν εὔκολα. Ἔτσι ὅμως καί ἄρχιζε νά μιλάει, δύσκολα σταματοῦσε. Ἐκεῖνος, στό μεταξύ, ξέπλενε κάνα-δυό ποτήρια, κοιμόταν ἤ πήγαινε στό «Ριβιέρα». Ἡ μαντάμ δέν ἄφηνε ποτέ τόν δυνατό ἄντρα της νά πετάει ἔξω μεθυσμένους πελάτες πού γίνονταν θρασεῖς. Τά φρόντιζε ὅλα μόνη της. Τό κέντρο ἦταν δικό της καί, γιά ἐπικίνδυνες περιπτώσεις, εἶχε ἕνα λαστιχένιο ρόπαλο, κρυμμένο πίσω ἀπό τό μπάρ —ἐκεῖ πού ἦταν καί οἱ δίσκοι τοῦ γραμμοφώνου. Στούς φίλους της ἔδειχνε εὐχαρίστως τό ρόπαλο — πράγμα πού δέν τελείωνε χωρίς πονηρό γέλιο— καί ἔλεγε: «Εἶναι μόνο γιά Ἀμερικάνους». Μέ τούς μεθυσμένους Ἀμερικάνους εἶχε τίς μεγαλύτερες δυσκολίες, καί ἔτσι στρεφόταν σ' αὐτούς τό καυτό της μίσος. Στά μάτια της ὑπῆρχαν δύο εἰδῶν βάρβαροι: Οἱ ἰθαγενεῖς καί οἱ Ἀμερικάνοι.

Ὁ ἄντρας της δέν ἦταν πάντα στή Λεγεώνα τῶν Ξένων. Μιά μέρα γύρισε πρός τό μέρος μου, μέ τόν μισο-τεμπέλικο, μισο-πονηρό του τρόπο καί ρώτησε:

«Ἐσεῖς εἴσαστε γιατρός, γιατρός γιά τούς τρελούς, δέν εἶναι ἔτσι;»

«Γιατί τό πιστεύετε αὐτό;» ρώτησα καί ἔκανα τόν ἔκπληκτο.

«Μᾶς τό εἶπαν. Ἐγώ ἤμουν δύο χρόνια φύλακας σ' ἕνα τρελοκομεῖο στό Παρίσι.»

«Τότε ξέρετε ἀπό τέτοια», εἶπα, καί ἔνιωσε κολακευμένος.

Μοῦ διηγήθηκε γιά τή δουλειά του καί πῶς εἶχε μάθει τούς τρελούς καί ἤξερε, ἀκριβῶς, ποιοί ἦταν ἐπικίνδυνοι καί ποιοί ὄχι. Εἶχε τή δική του ἁπλή μέθοδο κατάταξης —ἀνάλογα μέ τό πόσο ἐπικίνδυνοι τοῦ εἶχαν φανεῖ. Τόν ρώτησα γιά τούς τρελούς στό Μαρρακές καί ἀνέφερε μερικές περιπτώσεις, γνωστές σ' ὅλη τήν πόλη. Ἀπό τό βράδυ αὐτό μέ μεταχειριζόταν λιγάκι σάν τέως προϊστάμενο, ἀπό τόν ἴδιο ἐπαγγελματικό χῶρο. Ὅταν κάποιος στό κέντρο συμπεριφερόταν τρελά, κοιταζόμασταν· καί πότεπότε μέ κέρναγε καί ἕνα κονιάκ.

Ἡ μαντάμ Μινιόν εἶχε μία φίλη, μία καί μοναδική, τήν ὁποία ἐκμεταλλευόταν συστηματικά. Λεγόταν Ζινέτ καί ἐρχόταν πάντα. Συνήθως καθόταν σ' ἕνα ἀπό τά ψηλά σκαμνιά, μπροστά στό μπάρ, καί περίμενε. Ἦταν νέα καί στολισμένη καί εἶχε ἕνα πολύ χλωμό χρῶμα στό πρόσωπο —σάν ἄνθρωπος πού ξενυχτάει καί κοιμᾶται τή μέρα. Εἶχε μάτια πού ἐξεῖχαν καί, κάθε στιγμή, τά ἔστρεφε πρός τήν πόρτα τοῦ μπάρ —μήπως κι ἔρχεται πελάτης. Τότε τά μάτια της ἔμοιαζαν σάν νά κολλοῦσαν στό τζάμι.

Ἡ Ζινέτ λαχταροῦσε κάποιο γεγονός. Ἦταν εἴκοσι δύο χρόνων καί ποτέ δέν εἶχε βγεῖ ἔξω ἀπό τό Μαρόκο. Εἶχε γεννηθεῖ ἐδῶ, ἀπό πατέρα Ἄγγλο —πού εἶχε φύγει γιά τό Ντακάρ καί δέ νοιαζόταν γι' αὐτή— καί μητέρα Ἰταλίδα.

Χαιρόταν νά ἀκούει νά μιλοῦν ἀγγλικά, γιατί τῆς θύμιζαν τόν πατέρα της. Τί ἔκανε αὐτός, γιατί βρέθηκε στό Μαρόκο καί μετά πῆγε στό Ντακάρ, δέν μπόρεσα νά μάθω. Τόσο ἡ μαντάμ Μινιόν, ὅσο καί ἡ ἴδια, τόν ἀνέφεραν συχνά μέ ὑπερηφάνεια καί ἄφηναν νά ἐννοηθεῖ —χωρίς οὐσιαστικά νά τό ποῦνε— ὅτι εἶχε ἐξαφανιστεῖ ἐξαιτίας τῆς κόρης. Σίγουρα ἐπιθυμοῦσαν καί οἱ δύο νά εἶναι ἔτσι —τουλάχιστον ἀφοῦ ὁ πατέρας δέ νοιαζόταν γι' αὐτή— ἦταν, τέλος πάντων, κάτι πού ἐξηγοῦσε γιατί ἀπέφευγε τήν πόλη ὅπου ζοῦσε. Γιά τή μητέρα, δέν μιλοῦσαν ποτέ. Εἶχα τήν αἴσθηση πώς ζοῦσε ἀκόμα στό Μαρρακές, ἀλλά δέν ἔνιωθαν ὑπερήφανες γι' αὐτήν. Ἴσως ἦταν φτωχή ἤ ἡ δουλειά της δέν ἦταν ἰδιαίτερα ἀξιοπρεπής, ἴσως δέν εἶχαν καλή γνώμη γιά τούς Ἰταλούς. Ἡ Ζινέτ ὀνειρευόταν μιά ἐπίσκεψη στήν Ἀγγλία, γιά τήν ὁποία εἶχε μεγάλη περιέργεια, ἀλλά θά πήγαινε ὁπουδήποτε, ἀκόμα καί στήν Ἰταλία· περίμενε ἕναν ἱππότη πού θά τήν ἔπαιρνε ἀπό τό Μαρόκο. Τίς ὧρες πού τό μπάρ ἦταν ἄδειο, φαινόταν νά περιμένει ἀκόμα πιό ἔντονα. Ἡ ἀπόσταση ἀπό τό ψηλό σκαμνί ὥς τήν πόρτα ἦταν περίπου τρία μέτρα, ὅμως, κάθε φορά πού ἡ πόρτα ἄνοιγε, ἡ Ζινέτ τιναζόταν πίσω, σάν νά τῆς εἶχαν χτυπήσει τά μάτια.

Ἡ Ζινέτ δέν ἦταν μόνη, ὅταν τήν πρόσεξα γιά πρώτη φορά. Καθόταν δίπλα σέ ἕναν νεαρό ἄντρα, μέ κοριτσίστικη ἐμφάνιση, πού ἦταν ἀκόμα πιό στολισμένος ἀπό ἐκείνη. Τά μεγάλα μαῦρα του μάτια καί τό μελαψό χρῶμα τοῦ προσώπου πρόδιναν τόν Μαροκινό. Εἶχε μεγάλη οἰκειότητα μαζί του καί συχνά ἔρχονταν μαζί στό κέντρο. Τούς εἶχα πάρει γιά ἐρωτικό ζευγάρι καί συνήθιζα νά τούς παρατηρῶ, πρίν ἀκόμα μάθω τίποτα γι' αὐτούς. Αὐτός ἔμοιαζε πάντα σάν νά ἐρχόταν κατευθεῖαν ἀπό τό καζίνο. Δέν ἦταν μόνο στά ροῦχα του πού εἶχε προσαρμοσθεῖ στίς γαλλικές συνήθειες· ἄφηνε νά τόν χαϊδεύει ἡ Ζινέτ δημόσια —πράγμα πού θεωρεῖται μεγάλη ντροπή γιά ἕναν Ἄραβα. Ἔπιναν πολύ. Μερικές φορές εἶχαν κι ἕναν τρίτο παρέα —ἕναν ἄνθρωπο γύρω στά τριάντα, πού ἔδειχνε πιό ἀρρενωπός καί δέν ἦταν τόσο καλλωπισμένος.

Ὅταν ἡ Ζινέτ μοῦ ἀπηύθυνε γιά πρώτη φορά τό λόγο —ἀρκετά ντροπαλά, γιατί μέ θεωροῦσε Ἄγγλο— καθόταν μπροστά στό μπάρ. Ἐγώ καθόμουν δεξιά της καί ὁ νεαρός της ἦταν ἀπό τήν ἄλλη μεριά. Ρώτησε γιά τήν πορεία τῆς ταινίας πού γύριζαν οἱ φίλοι μου στό Μαρρακές. Δέν ἦταν γι' αὐτήν μικρό γεγονός καί, ὅπως σύντομα παρατήρησα, θά ἔδινε τή ζωή της γιά νά παίξει στό φίλμ. Ἀπάντησα εὐγενικά στίς ἐρωτήσεις της. Ἡ μαντάμ Μινιόν χάρηκε πού, ἐπιτέλους, εἴχαμε γνωριστεῖ, ἡ καλύτερή της φίλη καί ἐγώ. Συζητήσαμε λίγη ὥρα, μετά μοῦ σύστησε τόν νέο ἄντρα στά ἀριστερά της —ἦταν παντρεμένη μαζί του. Ἀπόρησα γι' αὐτό, θά εἶχα σκεφθεῖ ὁτιδήποτε ἄλλο. Ζοῦσαν ἤδη ἐδῶ κι ἕνα χρόνο μαζί. Ὅταν ἦταν οἱ δυό τους, ἔδιναν τήν ἐντύπωση πώς βρίσκονταν ἀκόμα στό ταξίδι τοῦ μέλιτος. Ὅταν ὅμως ἡ Ζινέτ καθόταν ἐκεῖ, χωρίς αὐτόν, κοίταζε πάντα μέ νοσταλγία τήν πόρτα καί δέν ἦταν, μέ κανέναν τρόπο, ὁ ἄντρας της αὐτός πού εὐχόταν νά μπεῖ. Τήν ρώτησα μέ διακριτικά ἀστεῖα γιά τόν τρόπο τῆς ζωῆς της καί ἔμαθα πώς στίς τρεῖς ἡ ὥρα τό πρωί πήγαιναν ἀπό τό μπάρ στό σπίτι, γιά νά φᾶνε τό βραδινό τους. Κατά τίς πέντε τό πρωί ξάπλωναν γιά ὕπνο καί κοιμόντουσαν ὥς τό ἀπόγευμα.

«Τί δουλειά κάνει ὁ ἄντρας σου;», ρώτησα.

«Τίποτα», εἶπε, «ἔχει τόν πατέρα του».

Ἡ μαντάμ Μινιόν, πού ἄκουγε, γέλασε μέ κακία γι' αὐτή τήν πληροφορία. Ὁ μελαψός, κοριτσίστικος νεαρός γέλασε ντροπαλά, ἀλλά, πάντως, ἔτσι, πού νά δείξει πολλά ἀπό τά ὡραῖα του δόντια. Ἡ φιλαρέσκειά του ἐπισκίαζε τά πάντα, ἀκόμα καί τήν πιό δυσάρεστη ἀμηχανία. Κεράσαμε ὁ ἕνας τόν ἄλλο ποτά καί πιάσαμε κουβέντα. Παρατήρησα πώς ἦταν τόσο χαϊδεμένος, ὅσο φαινόταν. Τόν ρώτησα πόσο καιρό ἔζησε στή Γαλλία. Ἔδειχνε τόσο, πέρα γιά πέρα, Γάλλος.

«Ποτέ», εἶπε. «Δέν ἔχω βγεῖ ἀπό τό Μαρόκο». Ἄν ἤθελε νά πάει στό Παρίσι; Ὄχι, αὐτό δέν τοῦ ἔκανε κέφι. Ἄν ἤθελε νά πάει στήν Ἀγγλία; Ὄχι, πραγματικά, καθόλου. Ἄν ἤθελε γενικά νά πάει κάπου; Ὄχι! Ἀπαντοῦσε στά πάντα ἀδύναμα, σάν νά μήν εἶχε δική του θέληση.

Διαισθάνθηκα πώς ἔπρεπε νά ὑπάρχει κάτι γιά τό ὁποῖο δέν μιλοῦσε, κάτι πού τόν ἔδενε σ' αὐτό τόν τόπο. Ὁπωσδήποτε δέν ἦταν ἡ Ζινέτ, γιατί αὐτή ἔδειχνε καθαρά πώς θά προτιμοῦσε νά εἶναι ὁπουδήποτε ἀλλοῦ παρά ἐκεῖ.

Τό ζευγάρι, πού φαινόταν τόσο κοινό καί συνηθισμένο, εἶχε παραμείνει αἰνιγματικό. Τούς ἔβλεπα, κάθε βράδυ, στό μικρό μπάρ. Ἔξω ἀπό τούς ξένους πού ἔμπαιναν στό κέντρο, ἐνδιαφέρονταν μόνο γιά ἕνα: τούς δίσκους γραμμοφώνου τῆς μαντάμ Μινιόν. Ἐκφράζανε ἐπιθυμίες γιά ὁρισμένα τραγούδια· μερικά τά ἔβρισκαν τόσο ὡραῖα πού τά 'βαζαν νά παίζονται ἕξι φορές συνέχεια. Τότε ἡ μουσική τούς κατέβαινε στά πόδια καί ἄρχιζαν νά χορεύουν στόν μικροσκοπικό χῶρο, ἀνάμεσα στό μπάρ καί τήν πόρτα. Ἅπλωναν τά μέλη τους τόσο κολλητά ὁ ἕνας πάνω στόν ἄλλο, πού ἦταν κάπως ἐνοχλητικό νά τούς βλέπεις. Ἡ Ζινέτ χαιρόταν αὐτή τήν τόσο ἰδιωτική μορφή χοροῦ, ἀλλά, ἐξαιτίας τῶν θεατῶν, παραπονιόταν γιά τόν ἄντρα της: «Εἶναι φοβερό μ' αὐτόν. Δέν θέλει νά χορέψει. Τοῦ τό ἔχω πεῖ τόσες φορές. Λέει πώς δέν μπορεῖ ἀλλιῶς». Τότε ἄρχιζε ὁ ἑπόμενος χορός καί, ὅταν ξαναχόρευαν, ἡ Ζινέτ πρόσεχε μέ ἀκρίβεια νά μή χάσουν οὔτε μία στροφή τοῦ δίσκου. Φανταζόμουν τή Ζινέτ σέ μιά ἄλλη χώρα —ἐκεῖ πού λαχταροῦσε νά πάει— καί πῶς θά ζοῦσε ἐκεῖ ἀκριβῶς τήν ἴδια ζωή, μέ τούς ἴδιους ἀνθρώπους, τίς ἴδιες ὧρες· καί τήν ἔβλεπα στό Λονδίνο νά χορεύει μέ τούς ἴδιους δίσκους.

Μιά νύχτα, πού ἤμουν μόνος στό μπάρ, μέ ρώτησε ἡ μαντάμ Μινιόν ἄν μοῦ ἄρεσε ἡ Ζινέτ. Ἤξερα τί πρέπει νά πῶ καί ἀπάντησα:

«Ἔχει εὐχάριστη φυσιογνωμία.»

«Δέν ἀναγνωρίζεται πιά!», εἶπε ἡ μαντάμ Μινιόν. «Ἄν ξέρατε πόσο ἔχει ἀλλάξει αὐτό τό χρόνο. Εἶναι δυστυχισμένη, ἡ φτωχιά! Δέν ἔπρεπε νά τόν παντρευτεῖ. Αὐτοί οἱ ντόπιοι εἶναι ὅλοι κακοί σύζυγοι. Ὁ πατέρας του εἶναι πλούσιος, εἶναι ἀπό καλή οἰκογένεια —αὐτό εἶναι ἀλήθεια, ἀλλά τόν ἔχει ἀποκληρώσει, ἐπειδή παντρεύτηκε τή Ζινέτ. Καί ὁ δικός της πατέρας δέν θέλει νά τήν ξέρει, γιατί παντρεύτηκε ἕναν Ἄραβα. Τώρα δέν ἔχουν καί οἱ δυό τους τίποτα!»

«Μά πῶς ζοῦνε τότε, ἄν αὐτός δέν δουλεύει καί ὁ πατέρας του δέν τοῦ δίνει τίποτα;»

«Δέν τό ξέρετε; Δέν ξέρετε ποιός εἶναι ὁ φίλος του;»

«Ὄχι, ποῦ νά τό ξέρω;»

«Ἀφοῦ τόν εἴδατε ἐδῶ, νά κάθεται μαζί τους. Ὁ φίλος του εἶναι ἕνας ἀπό τούς γιούς τοῦ Γκλάουι. Εἶναι ὁ εὐνοούμενός του. Αὐτό, κρατάει καιρό. Ὁ Γκλάουι εἶναι τώρα θυμωμένος μέ τόν γιό του. Δέν ἔχει ἀντιρρήσεις γιά τίς γυναῖκες. Θέλει οἱ γιοί νά ἔχουν γυναῖκες, ὅσες ἐπιθυμοῦν. Αὐτά ὅμως μέ τούς ἄντρες δέν τοῦ ἀρέσουν. Πρίν μερικές μέρες τόν ἔδιωξε τόν γιό του.»

«Καί ἀπό αὐτό ζοῦσε ὁ ἄντρας τῆς Ζινέτ;»

«Ναί. Καί ἀπό τήν ἴδια. Τήν ὑποχρεώνει νά κοιμᾶται μέ πλούσιους Ἄραβες. Εἶναι ἰδιαίτερα κάποιος στήν αὐλή τῶν γιῶν τοῦ Γκλάουι πού τοῦ ἀρέσει ἡ Ζινέτ. Δέν εἶναι νέος, ἀλλά εἶναι πλούσιος. Δέν τόν ἤθελε στήν ἀρχή, ἀλλά ὁ ἄντρας της τή δέρνει, ὅταν δέν θέλει. Ἀλλά, αὐτό συμβαίνει μόνο μέ ἄλλους —εἶναι πολύ ζηλιάρης. Τήν ἀφήνει νά κοιμᾶται μόνο μέ ἄντρες πού πληρώνουν γι' αὐτό. Ἄν κάποιος τῆς ἀρέσει, τῆς κάνει σκηνές ζηλοτυπίας. Τή δέρνει, ὅταν κάποιος δέν τῆς ἀρέσει καί δέν τόν θέλει οὔτε μέ λεφτά —καί τή δέρνει, πάλι, ὅταν κάποιος τῆς ἀρέσει, τόσο, πού θέλει νά κοιμηθεῖ μαζί του χωρίς λεφτά. Γι' αὐτό εἶναι τόσο δυστυχισμένη. Τό φτωχό κορίτσι δέν μπορεῖ ποτέ νά κάνει αὐτό πού θέλει. Περιμένει ἕναν ἄντρα νά τήν πάρει μακριά ἀπό ἐδῶ. Τή λυπᾶμαι. Τῆς τό εὔχομαι νά φύγει, καί ἄς εἶναι ἡ μοναδική μου φίλη ἐδῶ. Ἄν φύγει, δέν θά ἔχω κανένα».

«Λέτε πώς ὁ Γκλάουι εἶναι θυμωμένος μέ τό γιό του;»

«Ναί, τόν ἔστειλε γιά λίγο καιρό μακριά. Ἐλπίζει πώς

θά ξεχάσει τόν ἀγαπημένο του. Ἀλλά δέν θά τόν ξεχάσει, εἶναι τόσο ταιριασμένοι ὁ ἕνας μέ τόν ἄλλον.»

«Καί ὁ φίλος τῆς Ζινέτ;»

«Καί αὐτός ἔχει φύγει. Ἔπρεπε νά πάει μαζί. Ἀφοῦ ἀνήκει στήν αὐλή τῶν γιῶν τοῦ Γκλάουι.»

«Ἔχουν φύγει τώρα καί οἱ δύο;»

«Ναί, εἶναι μεγάλο τό χτύπημα γι' αὐτούς. Τώρα δέν ἔχουν χρήματα. Πρέπει νά ζοῦνε μέ δανεικά. Ἀλλά αὐτό δέν θά κρατήσει πολύ. Ὁ Γκλάουι ἔχει ἤδη δοκιμάσει μερικές φορές νά τούς χωρίσει. Ὁ γιός του ξαναγυρίζει πάντα. Δέν τό ἀντέχει· μέ τόν καιρό δέν ἀντέχει χωρίς τόν ἄντρα τῆς Ζινέτ. Μετά ἀπό μερικές ἑβδομάδες εἶναι πάλι ἐδῶ, καί ὁ πατέρας του ὑποχωρεῖ.»

«Τότε, θά πᾶνε ὅλα καλά.»

«Ἄχ, ναί, θά πᾶνε καλά, δέν εἶναι τίποτα τό σοβαρό. Εἶναι τώρα λίγο ἐρεθισμένος μαζί της —αὐτό εἶναι ὅλο. Ψάχνει νά βρεῖ κάποιον γιά τό ἐνδιάμεσο διάστημα. Γι' αὐτό μίλησε μαζί σας. Εἶπαν πώς εἴσαστε πλούσιος. Στήν ἀρχή σκέφθηκε γιά τόν ἑαυτό του, ἀλλά τοῦ εἶπα δέν γίνεται τίποτα. Παραείσαστε καλός γι' αὐτόν. Σᾶς ἀρέσει ἡ Ζινέτ;»

Τώρα μόλις ἄρχισα νά καταλαβαίνω ὅτι ὁ ὑποθετικός μου πλοῦτος μοῦ εἶχε παίξει ἕνα ἄσχημο παιχνίδι, ἀλλά καί ὅτι, σέ κάποιο σημεῖο, εἶχα ἀδικήσει τήν μαντάμ Μινιόν.

«Θά 'πρεπε νά τήν πάρει κανείς ἀπό ἐδῶ», εἶπε. «Μή τοῦ δώσετε χρήματα γιά τή Ζινέτ. Θά φύγουν ὅπως ἦρθαν καί δέν βοηθᾶνε τό καημένο τό κορίτσι. Δέν θά τῆς μείνει τίποτα μ' αὐτόν, τῆς τά τρώει ὅλα. Μόνο πάρ' τε την καί φύγετε μακριά. Μοῦ εἶπε πώς θά 'ρθει μαζί σας, ἄν θέλετε. Αὐτός δέν μπορεῖ νά φύγει. Ἐπιτέλους, ἀνήκει στήν ἀκολουθία τῆς αὐλῆς τοῦ γιοῦ τοῦ Γκλάουι καί γι' αὐτό δέν μπορεῖ νά φύγει εὔκολα. Δέν θά τοῦ ἔδιναν διαβατήριο. Τό λυπᾶμαι τό κορίτσι. Μέρα μέ τή μέρα φαίνεται πιό ἄσχημη. Ἔπρεπε νά βλέπατε πρίν ἕνα χρόνο, πόσο φρέσκια ἦταν, σάν μπουμπούκι. Χρειάζεται καλή μεταχείριση καί μιά φρόνιμη ζωή. Τελικά, εἶναι μιά Ἀγγλίδα. Φυσικά, ὅπως ὁ πατέρας. Καί ἄς εἶναι τόσο γλυκιά. Δέν μπορεῖ κανείς νά τό φανταστεῖ. Θά τήν παίρνατε γιά Ἀγγλίδα;»

«Ὄχι», εἶπα. «Ἤ, ἴσως, ναί. Ἴσως θά τήν ἀναγνώριζα γιά Ἀγγλίδα ἀπό τή φινέτσα της.»

«Δέν εἶναι ἀλήθεια;», εἶπε ἡ μαντάμ Μινιόν. «Ἔχει κάτι φίνο. Σάν Ἀγγλίδα. Ἐγώ, προσωπικά, δέν συμπαθῶ τούς Ἐγγλέζους. Μοῦ φαίνονται ὑπερβολικά ἥσυχοι. Κοιτάχτε τούς φίλους σας! Κάθονται ἐκεῖ, ἑπτά-ὀχτώ ἄνθρωποι, ἕνα ὁλόκληρο βράδυ, ὧρες κι ὧρες, καί δέν ἀκοῦς τσιμουδιά. Ἐμένα αὐτό μέ τρομάζει. Δέν ξέρεις ποτέ ἄν δέν κρύβεται ἐκεῖ κανένας σεξουαλικός ἐγκληματίας. Ἀλλά, ἄν τούς συγκρίνεις μέ τούς Ἀμερικάνους —ἔ! αὐτούς δέν τούς ἀνέχομαι καθόλου. Αὐτοί εἶναι βάρβαροι. Ἔχετε δεῖ τό λαστιχένιο μου ρόπαλο;»

Τό τράβηξε πίσω ἀπό τό μπάρ καί τό κούνησε μερικές φορές πάνω-κάτω.

«Αὐτό τό ἔχω μόνο γιά Ἀμερικάνους. Καί μοῦ ἔχει φανεῖ χρήσιμο ἀρκετές φορές, μπορῶ νά σᾶς τό βεβαιώσω!»

Ὁ ἀόρατος

Τό σούρουπο πῆγα πρός τή μεγάλη πλατεία, στή μέση τῆς πόλης. Αὐτό πού ζητοῦσα δέν ἦταν ἡ πολυχρωμία καί ἡ ζωντάνια της, αὐτές μοῦ εἶχαν ἤδη γίνει οἰκεῖες. Ζητοῦσα ἕνα μικρό καφετί δέμα, πάνω στό ἔδαφος, πού δέν τό ἀποτελοῦσε οὔτε κάν μιά φωνή —ἀλλά ἕνας μοναδικός ἦχος. Ἦταν ἕνα βαθύ, μακρόσυρτο, σφυριχτό «-ε-ε-ε-ε-ε-ε-ε-ε». Δέν δυνάμωνε, δέν χαμήλωνε, ἀλλά καί δέν σταματοῦσε ποτέ καί ἦταν πάντα ἀντιληπτό κάτω ἀπό χιλιαπλάσιες φωνές καί κραυγές τῆς πλατείας. Ἦταν ὁ πιό ἀναλλοίωτος ἦχος τῆς Τζέμα ἐλ Φνά, πού, ὅσο κρατοῦσε ἕνα βράδυ, καί ἀπό βράδυ σέ βράδυ, ἔμενε πάντα ὁ ἴδιος.

Ἤδη ἀπό μακριά τόν ἀφουγκραζόμουν. Μιά ἀνησυχία μέ ἔσπρωχνε πρός τά κεῖ, γιά τήν ὁποία δέν εἶχα ἐξήγηση. Θά πήγαινα ἔτσι κι ἀλλιῶς στήν πλατεία, μέ τραβοῦσαν τόσα πολλά ἐκεῖ· καί δέν εἶχα ποτέ ἀμφιβολία πώς θά τήν ἔβρισκα ξανά, μέ ὅλα ὅσα τῆς ἀνῆκαν. Μόνο γι' αὐτή τή φωνή, πού εἶχε ἀναχθεῖ σέ ἕνα μοναδικό ἦχο, ἔνιωθα κάτι σάν ἀγωνία. Βρισκόταν στά ὅρια τοῦ ζωντανοῦ. Τή ζωή πού γεννοῦσε τήν ἀποτελοῦσε ἕνα τίποτα —μόνο αὐτός ὁ ἦχος. Ἀφουγκραζόμουν ἄπληστα καί φοβισμένα, ὥσπου ἔφτανα πάντα σέ ἕνα σημεῖο τοῦ δρόμου μου, ἀκριβῶς στό ἴδιο μέρος, ὅπου, ξαφνικά, τόν ἄκουγα σάν τό βούισμα ἐντόμου:

«-Ε-ε-ε-ε-ε-ε-ε-».

Ἔνιωθα μιάν ἀδιανόητη γαλήνη νά διαχέεται μέσα στό σῶμα μου καί, ἐνῶ τό βῆμα μου ὥς τότε ἦταν κάπως διστακτικό καί ἀβέβαιο, τώρα ξαφνικά πήγαινα μέ σιγουριά κατευθείαν πάνω στόν ἦχο. Ἤξερα ἀπό ποῦ πήγαζε. Γνώριζα τό μικρό καφετί δέμα κάτω στό χῶμα, ἀπό τό ὁποῖο δέν εἶχα δεῖ ποτέ τίποτα παραπάνω ἀπό ἕνα σκοῦρο καί τραχύ κομμάτι πανί. Δέν εἶχα ποτέ δεῖ τό στόμα ἀπό ὅπου ἔβγαινε τό «-ε-ε-ε-ε-ε»· ποτέ τό μάτι· ποτέ τό μάγουλο· κανένα μέρος τοῦ προσώπου. Δέν θά μποροῦσα νά πῶ ἄν αὐτό τό πρόσωπο ἀνῆκε σέ τυφλό ἤ ἄν ἔβλεπε. Τό καφετί βρώμικο ὕφασμα ἦταν ἐντελῶς τραβηγμένο, σάν κουκούλα, πάνω ἀπό τό κεφάλι καί σκέπαζε τά πάντα. Τό πλάσμα —κάτι θά ἔπρεπε νά ὑπάρχει— κούρνιαζε στό ἔδαφος καί ἔσκυβε τήν πλάτη κάτω ἀπό τό πανί. Μικρό πρέπει νά ἦταν τό πλάσμα, ἔδειχνε ἐλαφρό καί ἀδύναμο, αὐτό ἦταν ὅλο πού μποροῦσες νά ὑποθέσεις. Δέν ξέρω πόσο ψηλό ἦταν, γιατί δέν τό εἶδα ποτέ ὄρθιο. Ὅ,τι ἀπ' αὐτόν βρισκόταν στό ἔδαφος, καθόταν τόσο χαμηλά, πού ἀνύποπτος θά μποροῦσες νά σκοντάψεις, περνώντας ἀπό πάνω του —ἔτσι καί σταματοῦσε ὁ ἦχος. Δέν τό εἶδα ποτέ νά ἔρχεται, δέν τό εἶδα ποτέ νά φεύγει. Δέν ξέρω ἄν τό ἔφερναν καί τό ἔπαιρναν ἤ ἄν πήγαινε μέ τά δικά του πόδια.

Τό μέρος πού εἶχε διαλέξει δέν ἦταν καθόλου προφυλαγμένο. Ἦταν τό πιό ἀνοιχτό τμῆμα τῆς πλατείας —μέ ἕνα ἀτελείωτο πήγαινε-ἔλα, ἀπό ὅλες τίς πλευρές τοῦ μικροῦ καφέ σωροῦ. Σέ πολυσύχναστα βράδια, ἐξαφανιζόταν κάτω ἀπό τά πόδια τῶν ἀνθρώπων καί, παρ' ὅλο πού ἤξερα ποῦ ἦταν καί ἄκουγα πάντα τή φωνή, ἤθελα κόπο γιά νά τό βρῶ. Ἀλλά, κάποτε, χάνονταν οἱ ἄνθρωποι καί αὐτό ἔμενε στή θέση του, ἐνῶ γύρω του ἡ πλατεία ἦταν ἤδη ἄδεια σέ βάθος καί πλάτος. Τότε καθόταν στό σκοτάδι σάν ἕνα πεταμένο παλιό καί πολύ βρώμικο ροῦχο, πού κάποιος θέλησε νά ξεφορτωθεῖ καί τό ἄφηνε νά πέσει κρυφά, ἀνάμεσα στούς πολλούς ἀνθρώπους, ἔτσι, γιά νά μήν τό προσέξουν. Τώρα οἱ ἄνθρωποι εἶχαν χαθεῖ καί τό δέμα καθόταν ἐκεῖ, μόνο. Ποτέ δέν περίμενα, ὥσπου νά σηκωθεῖ ἤ νά τό πάρουν. Γλιστροῦσα μακριά μέσ' στό σκοτάδι, ἐνῶ μέ ἔπνιγε ἕνα αἴσθημα ἀδυναμίας καί ἔπαρσης.

Ἡ ἀδυναμία ἀφοροῦσε ἐμένα: ἔνιωθα πώς δέν θά ἔκανα τίποτα, γιά νά ἐξιχνιάσω τό μυστικό τοῦ δέματος. Δέος μοῦ προκαλοῦσε ἡ μορφή του —κι ἐπειδή δέν μποροῦσα νά τοῦ δώσω ἄλλη, τό ἄφηνα ἐκεῖ, νά κεῖται στό ἔδαφος. Ὅταν πλησίαζα, πρόσεχα νά μήν τό ἀγγίξω, σάν νά μποροῦσα νά τό πληγώσω καί νά τό βλάψω. Κάθε βράδυ ἦταν ἐκεῖ καί κάθε βράδυ σταματοῦσε ἡ καρδιά μου, ὅταν πρωτοξεχώριζα τόν ἦχο, καί ξανασταματοῦσε, ὅταν σιγουρευόμουν γιά τήν παρουσία του. Ὁ δρόμος του πρός τά ἐκεῖ καί πίσω, ἦταν γιά μένα πιό ἱερός ἀπό τόν δικό μου. Δέν τό παρακολούθησα ποτέ καί δέν γνωρίζω ποῦ ἐξαφανιζόταν γιά τό ὑπόλοιπο τῆς νύχτας καί τῆς ἐρχόμενης μέρας. Ἦταν κάτι ἰδιαίτερο κι ἴσως ἔτσι πίστευε κι αὐτό. Αἰσθανόμουν, μερικές φορές, τόν πειρασμό νά ἀγγίξω, πολύ ἁπαλά, μέ ἕνα δάχτυλο, τήν καφετιά κουκούλα —αὐτό θά τό ἀντιλαμβανόταν καί ἴσως νά διέθετε κι ἕναν δεύτερο ἦχο, μέ τόν ὁποῖο θά ἀντιδροῦσε, ἀλλά αὐτός ὁ πειρασμός ναυαγοῦσε σύντομα μέσα στήν ἀδυναμία μου.

Εἶπα πώς, ὅταν γλιστροῦσα μακριά, μέ ἔπνιγε κι ἕνα δεύτερο συναίσθημα: ἡ ἔπαρση. Ἤμουν ὑπερήφανος γιά τό δέμα, ἐπειδή ζοῦσε. Τί συλλογιζόταν, ἐνῶ ἀνάπνεε ἐδῶ βαθιά, κάτω ἀπό τούς ἄλλους ἀνθρώπους, δέν θά τό μάθω ποτέ. Τό νόημα τῆς κραυγῆς του ἔμενε γιά μένα τόσο σκοτεινό, ὅσο κι ὅλη του ἡ ὕπαρξη. Ὡστόσο, ζοῦσε καί ἦταν κάθε μέρα στήν ὥρα του πάλι ἐκεῖ. Δέν εἶδα ποτέ νά σηκώνει τά νομίσματα πού τοῦ πετοῦσαν — τοῦ πετοῦσαν λίγα, ποτέ δέν βρίσκονταν πάνω ἀπό δύο ἤ τρία νομίσματα γύρω. Ἴσως, δέν εἶχε χέρια, γιά νά πιάσει τά νομίσματα. Ἴσως, δέν εἶχε γλώσσα, γιά νά σχηματίσει τό «λ» στή λέξη Ἀλλάχ, καί τό ὄνομα τοῦ Θεοῦ συντεμνόταν γι' αὐτό σέ «-ε-ε-ε-ε-ε-ε-ε-ε». Ὡστόσο, ζοῦσε, καί μέ ἀπαράμιλλη φιλοπονία καί ἐπιμονή ἔλεγε τόν μοναδικό του ἦχο, τόν ἔλεγε ὧρες καί ὧρες, ὥσπου γινόταν ὁ μόνος ἦχος μέσα σέ ὁλόκληρη τή μεγάλη πλατεία, ὁ ἦχος πού ἐπιζοῦσε ἀπό ὅλους τούς ἄλλους ἤχους.

ΣΗΜΕΙΩΜΑ ΤΟΥ ΜΕΤΑΦΡΑΣΤΗ

Ὑπάρχουν βιβλία πού, ὅταν τά πρωτοδιαβάσεις, λυπᾶσαι γιατί δέν τά 'γραψες ἐσύ —ἤ γιατί, τουλάχιστον, δέν γράφτηκαν στή γλώσσα σου. Ὕστερα, ἀρχίζεις νά σκέπτεσαι ἄν θά ἦταν δυνατά στή γλώσσα σου. Καί ἀπό κεῖ ἀρχίζει μιά πρόκληση, πού τελειώνει, μόνο ἄν ἀποφασίσεις νά δοκιμάσεις.

Χάρηκα, ὅταν ὁ Κανέττι πῆρε τό Νόμπελ —καί γιατί κατάλαβα πώς εἶχε ἔρθει ἡ ὥρα γιά μιά τέτοια δοκιμή. Ζήτησα μόνος μου νά μεταφράσω τίς «Φωνές τοῦ Μαρρακές».

Τό βιβλίο αὐτό εἶναι γιά μένα ἕνα ἀπό τά πιό σημαντικά σύγχρονα κείμενα. Σ' αὐτό, ὁ τριπλοκουμπωμένος, κρυφός καί ἀπρόσιτος Κανέττι ἀγγίζει, περισσότερο ἀπό ὁπουδήποτε ἀλλοῦ, τή ζωή καί τίς λέξεις. Ὁ ἄνθρωπος αὐτός —πού συχνά φοβᾶται τήν ἀμεσότητα— ὅταν ἀφεθεῖ, ἀνοιχτεῖ καί μιλήσει, φτάνει πολύ γρήγορα στήν οὐσία.

Ὁ Ἐλίας Κανέττι ἐπισκέφθηκε τό Μαρόκο τό 1954. Οἱ «Σημειώσεις» του γιά τό ταξίδι πρωτοεμφανίζονται τό 1967 στό Λονδίνο καί —ὁριστικά— τό 1976 στή Γερμανία. Δεκατρία χρόνια ὥς τήν πρώτη μορφή, εἴκοσι δύο ὥς τήν ὁριστική —ἴσως πρέπει νά προσέξουμε ἰδιαίτερα τή λέξη «ὕστερα», στόν ὑπότιτλο τοῦ βιβλίου: «Σημειώσεις *ὕστερα* ἀπό ἕνα ταξίδι». Ὁ συγγραφέας δέν περιγράφει, οὔτε μᾶς δίνει «ταξιδιωτικές ἐντυπώσεις». Τό βιβλίο του εἶναι μιά κάθοδος στόν Ἅδη, ἕνα μεταφυσικό ἡμερολόγιο, πού, ὅπως ἦταν φυσικό, ἔκανε πολλά χρόνια νά ὡριμάσει μέσα του.

Γιά τόν Κανέττι ἔχουν γραφτεῖ ἀρκετά. Θυμίζουμε πώς γεννήθηκε τό 1905 στό Ρουστσούκ τῆς Βουλγαρίας —ἀπό γονεῖς Ἑβραίους. Οἱ σταθμοί τῆς ζωῆς του: Βιέννη, Φραγκφούρτη (ἀπολυτήριο γυμνασίου), Βιέννη (σπουδές φυσικομαθηματικῶν — διδακτορικό δίπλωμα). Τό 1938 αὐτοεξορίζεται στό Λονδίνο, ὅπου μένει ἀκόμα. Διακρίσεις: 1972 τό βραβεῖο Georg Büchner, 1975 τό βραβεῖο Nelly Sachs, 1977 τό βραβεῖο Gottfried Keller καί 1981 τό βραβεῖο Νόμπελ Λογοτεχνίας.

Γράφει γερμανικά. Στόν γερμανόγλωσσο χῶρο δέν ἦταν μόνο ἕνας πολυβραβευμένος (ὅπως εἴδαμε), ἀλλά καί ἀρκετά δημοφιλής συγγραφέας —παρ' ὅλο πού τά βιβλία του δέν εἶναι ἰδιαίτερα εὐκολοδιάβαστα. Ἔτσι, τόν πρῶτο χρόνο τῆς ἐμφάνισής τους σέ ἔκδοση τσέπης, ἡ αὐτοβιογραφία του πούλησε 55.000 ἀντίτυπα καί «Οἱ φωνές τοῦ Μαρρακές» 35.000 — κι αὐτά πρίν ἀπό τό Νόμπελ.

Τά σημαντικότερα ἔργα τοῦ Κανέττι εἶναι: «Τό θάμπωμα» («Die Blendung» — μυθιστόρημα), «Ἡ Γλυτωμένη Γλώσσα» καί «Ἡ Δάδα στό Αὐτί» («Die gerettete Zunge» καί «Die Fackel im Ohr» — οἱ δύο πρῶτοι τόμοι τῆς αὐτοβιογραφίας του), τό δίτομο δοκίμιο «Μάζα καί Ἐξουσία» («Masse und Macht»), «Ἡ Συνείδηση τῶν Λέξεων» («Das Gewissen der Worte») δοκίμια, «Ἡ Ἐπαρχία τοῦ Ἀνθρώπου» («Die Provinz des Menschen», σημειώσεις 1942-1972), καί τρία θεατρικά ἔργα («Dramen», 1976).

Νίκος Δήμου

ΠΕΡΙΕΧΟΜΕΝΑ